発達障害の子をサポートする「気になる子」の保育実例集

聖徳大学大学院教職研究科教授
腰川一恵
監修

池田書店

はじめに

園に巡回相談にうかがうと、先生方から「この子も、あの子も気になるのです」とよく言われます。これは、一人ひとりの発達を見ながら、どの子も成長につながる保育をしていきたいという先生方の思いのあらわれと考えます。しかし、気になる子どもの保育を考えたとき、戸惑うことはまだ多いようです。

先生方が気になる場面は、発達障害の診断のある子どもだけでなく、診断はないけれども発達障害が疑われる子ども、幼児期の発達途上である子どもにも見られることです。このような気になる子どもの言動には、それぞれ背景があり、そのとらえ方を間違えてしまうとその子に合った対応ができません。また、発達障害の知識も必要ですが、先生方がすでに持っている保育技術、工夫、アイデアで対応可能であることがこれまでの経験でわかってきました。

本書の大きな特徴は、園の一日の流れをもとに具体的な場面を取り上げ、気になる言動ごとに整理したところです。現場の先生方とともに、考えられる対応を具体的に検討し、先生方が困ったときにすぐに使っていただけるようにしました。また、気になる子どもたちをどのようにとらえ、背景や対応を考えるのか、園内、外部機関や保護者との連携のポイントも解説しています。

さまざまな特性を持った子どもが一緒の保育を受けることは、気になる子どもの発達支援や将来の社会生活の適応だけでなく、すべての子どもがいろいろな個性を受け入れていくことにつながります。子どもの気になる場面で、背景や対応を考えるヒントとして本書を使っていただき、さらに保育を深めていただけたら幸いです。

腰川一恵

あなたの園にこんな子はいませんか

集中力がない、周りの子とかかわれない、落ち着きがない、ルールが守れないなど、ほかの子とは少し違った様子や行動を見せる「気になる子」が増えてきています。

「困った子」ではなく助けが必要な子

ほかの子どもとはなんとなく違う、言動が気になる子はいませんか。もしかするとその子は、発達障害や家庭環境などの問題が背景にあって、支援を必要としているのかもしれません。まず保育者ができることは、その子に対して、その子にあった成長の手助けをしてあげることです。

→ P.18 「気になる子」とは？
→ P.20 「気になる子」の背景と基礎知識　ほか

トイレ
立ち歩く子
トイレに行けない子
運動が苦手な子
みんなとあそばない子

気になる子の支援の基本

気になる子の支援では、「できないから手伝う」のではなく、「いずれ自分でできるようになる手助けをする」ことが基本です。そのためには何が必要なのでしょうか。

1 まずは気づくところから

子どもの気になる行動とその原因に気づくことから支援は始まります。

「なぜ？」を把握する

気になる子が集団のなかでその場にふさわしい行動が取れないとき、保育者はその行動を「気になる」と感じることでしょう。それが支援のスタートです。

気になる行動に気づいたら、その子がなぜそれをするのか考えてみましょう。その理由は、子どもによってさまざまです。その理由をもとに、具体的な支援方法を考えます。

→P.24 子どもの行動の観察ポイント
→P.34 気になる行動の分析と支援方法の導き方 ほか

❷ 指示はわかりやすく

NG例

ちゃんと
座って！

「ちゃんと」「しっかり」などの抽象的な言葉では指示の内容が伝わらないこともあります。

OK例

これから遠足のお話をするから、
長い針がりんごのところに来るまで
座っていてね

指示は具体的に。「いつまで」などの目安も伝えます。

絵やツールを使ってわかりやすく

気になる子のかかえる問題のひとつに、コミュニケーションの問題があります。先生の指示が聞けない、聞いても忘れてしまう、知っている単語が少なくて意思表示ができないなどです。その子自身、どうしていいかわからず困っているのかもしれません。

指示は絵や色のついたマークなどで目で見てわかるよう工夫し、言葉をおぎないましょう。

→P.48 したくができない
→P.96 おしゃべりがやめられない
→P.118 ルールが守れない ほか

❸ほめて達成感を与える

たとえ結果がよくなくても、がんばったことをほめてあげます。言葉だけでなく、ごほうびシールなどで目に見えるようにすることも効果的です。

具体的にほめて感謝も忘れずに

どんな子も先生にほめられるのはうれしいもの。とくに気になる子の場合、あきたり、約束や指示を忘れたりすることがあるので、やる気を起こさせるためにも、よくほめることは大切です。

ほめるときは何がどうよかったかを具体的に伝えるのがポイントです。お手伝いなどができたら、「ありがとう」としっかり感謝の言葉を伝えましょう。

→P.42 登園をいやがる
→P.76 片づけられない　ほか

4 ルールは具体的に教える

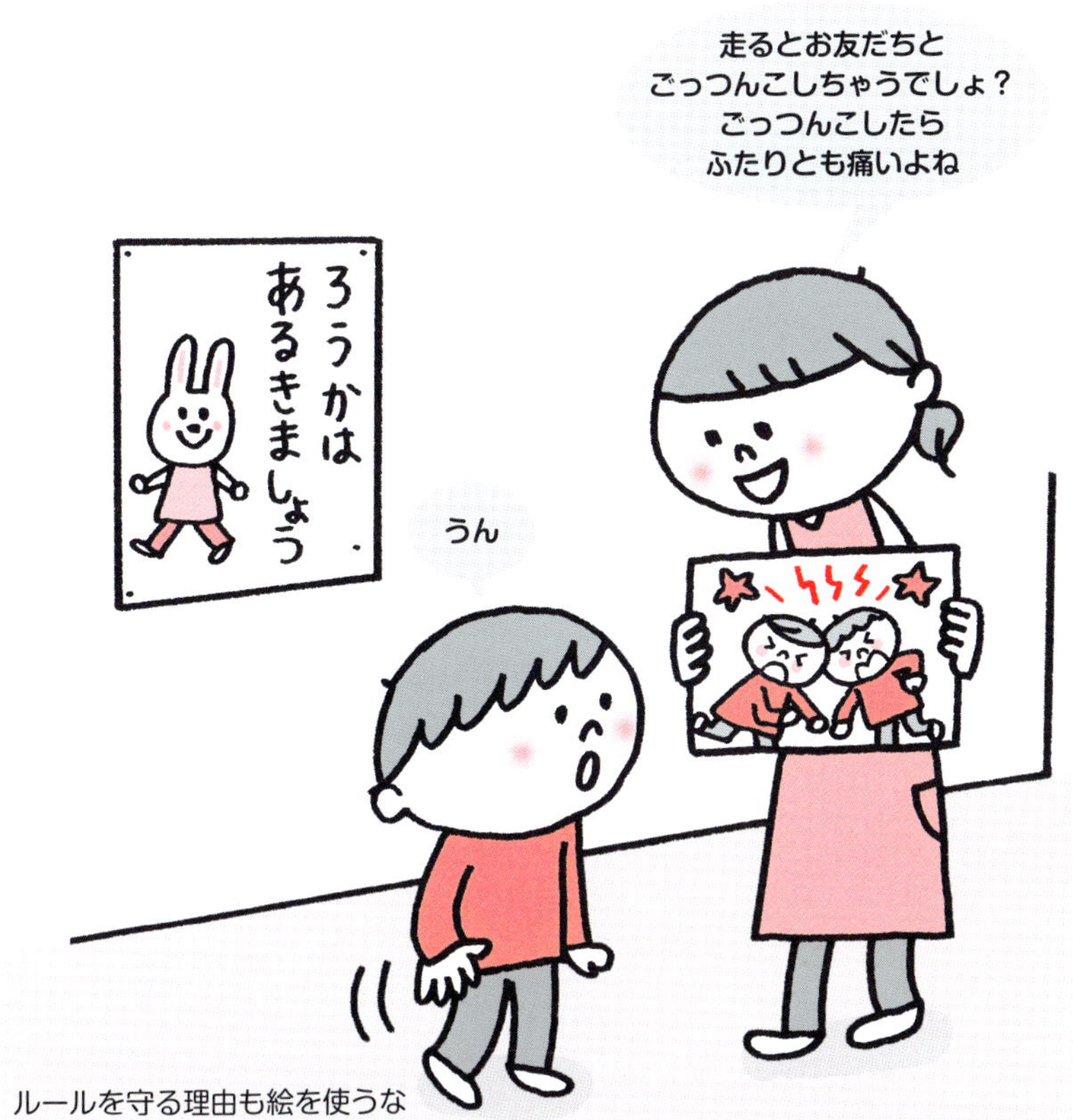

ルールを守る理由も絵を使うなどしてわかりやすく説明します。周りの人のことを考えられるような声がけがよいでしょう。

一つひとつわかりやすく

気になる子の特徴のひとつに、集団生活のルールが守れないことがあります。ルールを覚えるのが苦手ということもありますし、ルールを守ることの意味がわかっていないこともあります。

ルールはみんなで楽しく安全に活動するために必要なものだと教え、「〜しない」ではなく、「〜する」というようにすべきことを具体的に教えるように心がけます。

→P.64 あそびのルールが理解できない
→P.122 自分のルールやペースにこだわる ほか

5 自分で選ばせる

ねんどはイヤなんだね。
折り紙でお花をつくるのと
お花のぬりえをするのと
どっちが好き？

気になる子もクラスの一員です。まったく同じ活動ができなくても、クラスの一員だという意識が持てるような配慮をしましょう。

主体性を育てる

気になる子のなかには、独特のこだわりを持つ子どももおり、自分で決めたルールが守れないとパニックになる場合もあります。支援するときは、その子の意思を尊重することも大事です。

子どもに選択肢を与えて「どっちがいい？」と聞いて本人に選ばせるなど、少しでも子どもの意思を引き出せるようにしましょう。

→P.70 水あそび、粘土あそびなどに参加できない
→P.118 ルールが守れない
→P.122 自分のルールやペースにこだわる　ほか

6 チームで支援する

気になる子の支援は、担任や一部の保育者だけが行うものではありません。園全体と家庭、そして地域が協力し合って、大きなチームで支援していく必要があります。

保護者との連携

気になる子の支援では、家庭との連携が不可欠です。情報を共有し、みんなでサポートする体制をつくりましょう。

→ P.214 保護者の気持ちに寄り添う ほか

保育者同士の連携

子どもは場面ごとに違った顔を見せます。複数の目を通して実態をつかむことは、新しい気づきと、よりよい支援につながります。

→ P.188 保育者同士の協力体制のつくり方 ほか

社会支援も充実してきている

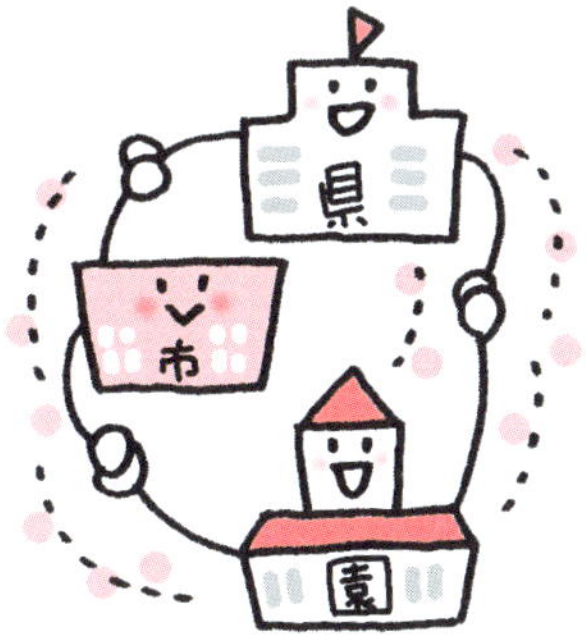

発達障害がクローズアップされたこともあり、支援の輪は園から市へ、市から県へとどんどん広がってきています。

→ P.220 子どもの就学を支援する ほか

関係機関との連携

子どもは社会全体で育てるもの。医療機関、教育委員会、発達支援センターなど、気になる子を支援する各機関と連動しましょう。

→ P.208 第三者機関を活用しよう ほか

Contents

Part 4 サポートしていく園としての取り組み

Part 1

「気になる子」ってどういう子？

幼稚園や保育園で「気になる子」が増えていると言われています。どこが「気になる」のか、「気になる」行動の原因は何か、保育者として何をしたらいいのかを考えます。

「気になる子」とは？

「気になる子」という言葉をよく耳にするようになりました。あなたの園にも発言や行動が「気になる子」がいませんか。どういうところが気になるのか、考えてみましょう。

こんな子いませんか？

少し気に入らないことがあるとすぐにカッとなってお友だちをたたいてしまうAくん、3歳になってもなかなか言葉が出ず「アー、アー」としか言えないBちゃん、お友だちの輪に入れずひとりであそんでいるCちゃん、落ち着きがなくつねに動きまわっていて目が離せないDくん……。

こんな「気になる子」が保育園や幼稚園で増えています。ある調査では、ほぼすべての保育園や幼稚園にひとり以上いるという結果が出ています。また別の調査では1クラスに4～6人の気になる子がいるという結果も出ています。

「気になる」のはどうして？

同年齢の集団の子どもと向き合っている保育者は、「○歳だからこういう行動をとるだろう」「○歳だからここまではできるだろう」といった「予測」をしながら子どもとかかわっています。子どもと向き合うなかで、そうした「予測」と違う発言や行動を子どもがとったときに、保育者は「気になる」と感じることがあるかもしれません。

ほかにも、日々の保育の現場でやしなわれた「子どもを見る目」を持つ保育者だからこそ気づける、「気になる」ポイントも多いことでしょう。

調査結果

2012年に行われた文部科学省の全国の公立小・中学校の通常学級に在籍する児童・生徒を対象にした調査で、「知的発達に遅れはないものの学習面または行動面で著しい困難」を示す児童・生徒が6・5％いることが報告されました。

「気になる子」の原因に気づく

では、その子はどうして「気になる」行動をしているのでしょうか。

「お友だちをたたく」という行動は、もしかすると「おもちゃを貸して」と言えずに、手が出てしまったことが原因かもしれません。あるいは楽器の大きな音が苦手でがまんできずに暴れてしまうのかもしれません。このように、「気になる子」の行動の背景には、その子が感じる「困った」ことがらや「衝動」があることが多いのです。

そんな「困った」や「衝動」をかかえながら毎日を過ごしている「気になる子」の気持ちや特性に保育者がいち早く気づき、その子に合った支援を行っていくことが必要です。そうすることで、子どもの「気になる」行動も少しずつ変わっていき、その子の将来の健やかな成長につながっていくでしょう。

あなたの園にもいる？ 気になる子

あなたの園にも発言や行動が「気になる子」がいませんか。

「気になる子」の背景と基礎知識

「気になる子」の言動の背景には、その子自身の発達や家庭環境の問題などがあります。その問題を探り、知ることが、支援への糸口となっていきます。

「発達障害」って？

発達になんらかの障害があり、コミュニケーションや学習、運動などにおいて困難をかかえることを「発達障害」と呼びます。気になる子のなかには、この発達障害を背景に持つ子がいます。この障害は、日本では、２００５年に施行された「発達障害者支援法」で支援が必要な障害として初めて規定された新しい障害です。主なものに自閉症スペクトラム障害、ＡＤＨＤ（注意欠陥・多動性障害）、ＬＤ（学習障害）があります。

原因としては、生まれつき脳の一部がうまく機能していないことが考えられていますが、脳のどの部分がどのような原因で働いていないのかは、まだはっきりとはわかっていません。

ただし、解明されていないからといって、何も解決策がないわけではありません。その子に合った支援があれば、自立した社会生活を送り、その能力を発揮できるようになることが世界中で証明されています。

自閉症スペクトラム障害

年齢に応じた社会集団や人間関係の構築ができない、人とのコミュニケーションがうまくとれないなどの「社会性の障害」と、無目的に見える行動をくり返す「常同性の障害」を特徴とするのが、自閉症スペクトラム障害です。

column

発達障害の有名人

世界には、発達障害を公表している有名人がたくさんいます。またアインシュタインやエジソンなど、歴史上の人物で、発達障害の特性を持っていたと考えられている人がいます。

支援が必要な 主な発達障害

生まれつきの脳の発達特性が関係しており、
しつけや育て方が原因ではありません。

自閉症スペクトラム障害	「社会性の障害」（コミュニケーション）と「常同性の障害」（特定のものや行為への極端なこだわり）のため、人間関係に困難をかかえる
ADHD（注意欠陥・多動性障害）	「注意」に関することに問題をかかえ、「多動性」（落ち着きなく動く）、「注意散漫」（注意が続かない）、「衝動性」（行動の抑制が困難）のため、学校や家庭生活で困難をかかえる
LD（学習障害）	「聞く」「話す」「読む」「書く」「計算する」「推論する」などの能力のいずれかで、習得と使用に極端な困難をかかえる

具体的には、他人の気持ちをうまく読み取ることができず、場に合わない言動をしてしまう、見たまま・感じたままを言葉に出して相手を傷つけてしまう、道順や着る服など特定の場所やもの、行為に強いこだわりがあるなどです。そのため、誤解を受けやすいなど、対人関係に問題が出ることが多くなります。

２０１３年に、知的障害をともなわない自閉症とアスペルガー症候群は、まとめてこの名前に変わりました。

ADHD（注意欠陥・多動性障害）

年齢に不釣り合いな著しい「多動性」「注意散漫」「衝動性」を特徴とする状態をＡＤＨＤ（注意欠陥・多動性障害）といいます。具体的には、じっとしていられない、しゃべりすぎる、高いところへ登る、うわのそらでボーっとしている、忘れ物が多い、順番を待てないなどがあります。

これらの症状は、年齢とともに変化し、

【発達障害の診断】

発達の問題は、「ゆっくり発達するタイプ」の子も多く、長い目で見るとその時期だけのものであることもあります。

また医療機関で発達障害と診断されても成長につれて障害はないとされたり、あるいは別の診断がなされたりするなど、専門家でも診断はむずかしいものです。

ですから、発達や発達障害についての基本的な知識は必要ですが、保育者は安易に判断せず、その子にどう寄り添うかを考えましょう。

一般的なピークは学童期で、その後多動性はだんだん落ち着いてくるといわれています。ただ、幼いころから親や先生など周りの大人に叱られることが多いため、抑うつ状態や孤立感、劣等感をかかえやすく、それらが不登校や反社会的行動につながる可能性もあります。

LD（学習障害）

知的能力に遅れはないのに、「聞く」「話す」「読む」「書く」「計算する」「推論する」などの能力のいずれかで著しい困難をかかえる状態をLD（学習障害）といいます。自閉症スペクトラム障害やADHDと違って、一般的に、明らかになってくるのは就学後なので、幼児の段階での診断はむずかしいとされています。

本人は精一杯まじめに勉強しているのに、親や先生から「もっとがんばれ！」などと言われ、勉強ぎらいや不登校になってしまうこともあります。

保護者や家庭環境の問題

保護者や家庭環境になんらかの問題があるために、「気になる子」となる場合もあります。この問題の原因は、ふたつに大別できます。

ひとつは親自身の原因（軽度の知的障害や精神疾患、夜型生活などの基本的な生活習慣の乱れなど）、もうひとつは子どもとのかかわり方に原因がある場合（子どもへの虐待や過干渉、ネグレクトなど）です。

また、子ども自身になんらかの障害があり、周囲から理解されにくいために、保護者の育児のストレスが積み重なり、それが虐待や過干渉につながることもあります。

いずれも、子どもが保護者との愛着関係がうまく築けないことにより、人を信頼できず、そのため精神的な成長が妨げられます。それが多動や攻撃性、無表情といった「気になる」行動として出てくるのです。

column

愛着（アタッチメント）

母親などの特定の対象に対する情緒的《じょうちょてき》な結びつきを愛着（アタッチメント）といいます。たとえば、ほかの人があやしても泣き止まないのに、母親が抱き上げるとすぐ泣き止み、よろこぶなどです。

発達？ 環境？
「気になる子」の背景

「気になる子」にはそれぞれいろいろな背景があります。

調査結果

子どもへの虐待には、身体的なもの、心理的なもの、性的なもの、ネグレクト（養育の怠慢・拒否）があります。相談件数は年々増加しており、2021年度には20万7659件。なかでも心理的虐待の相談件数が増加しています。

子どもの行動の観察ポイント

「気になる子」の支援は、乳幼児期からの早期発見・早期支援が重要です。そのためにはまず保育者がその子の「困った」や「衝動」にいち早く気づくことが大切です。

早期発見の大切さ

「気になる子」には、その子に合った適切な支援が必要ですが、それと同じくらい、早期発見も大切です。保育園や幼稚園に通う、乳幼児期の子どものなかには、自分自身の「困った」や「衝動」を自覚していない子どもも多くいます。

ですから、保育者をはじめとする周囲の大人たちが、子ども自身がその困難を感じる前にいち早く気づくことが重要です。その気づきをもとに、その子に合った支援を行うことで、のびのびとした成長が期待でき、それがその子の大きな可能性を引き出すことにもつながるのです。

支援を受けられないと…

発見が遅れ、適切な支援を受けられないと、子どもは日常生活や人間関係などさまざまな場面で、困難をかかえることになります。また、保護者や保育者、学校の先生は、子どものかかえる困難に気づかないまま、注意したり、叱ったり、低い評価をしてしまったりします。

すると、子どもは「自分はダメな人間なんだ」「だれも自分のことをわかってくれない」などと感じることが多くなります。それが積み重なると、自分自身を大切にできない、希望や自信を持てない、意欲的に社会生活を送ることができないなどの問題

調査結果

人には生まれながらの気質の違いがあることがわかっています。なかには神経質、反応が遅いなど、目立つ気質の子もいます。しかし、これらの気質は、子どもの早い時期を快適に過ごすうちに、落ち着いた個性の範囲に収まってくるという研究結果が出ています。早めの支援が大切です。

が起こりやすくなります。

そうした「二次障害」を防ぐためにも、保育者が早期に発見し、積極的に支援をしていくことが重要なのです。

子どもの「困った」に気づくには

同年代の子どもが集まる保育園や幼稚園は、周りの子どもとの関係性や集団行動でのつまずきなど、子ども一人ひとりの違いが目立ちやすい環境です。

日々多くの子どもと接する保育者の視点で、集団のなかでの子どもの様子を客観的に観察し、早期発見・積極的な支援につなげましょう。

まずは、どの場面でどのようなつまずきがあるのか、次のページのチェックリストで、把握しておきましょう。なお、当てはまることがあっても、数や程度によっては単に発達がゆっくりなだけのこともあります。あせらずできる支援から始めましょう。

二次障害を防ぐために 早期支援が大切

成長の早い段階から適切な支援をすることで、将来の可能性が広がります。

早期支援のための

チェックリスト（3歳未満）

言葉

□ 喃語《なんご》の種類が少ない（１歳未満）
□ 簡単な言葉を理解できない（１歳６か月以上）
□ 単語が話せない（１歳６か月前後）
□ ２語文が話せない（２歳以上）
□ オウム返しや独特な声を発することがある

行動

□ いつも落ち着きがなく、動きまわっている
□ 高いところへ登るのが好き
□ きちんとしていなければならないときに、
　過度に走りまわったりする
□ 言われても順番を待つのがむずかしい
□ 少しいやなことがあるとすぐにかんしゃくを起こす
□ あそびや余暇活動におとなしく参加することがむずかしい

注意・集中

□ うわのそらでぼんやりしている
□ 集中力がなく、気が散りやすい
□ 指示に従うことができず、また課題を
　最後までやり遂げられない

かかわり

□ 視線が合いにくい
□ 面と向かって話しかけられているのに、
　聞いていないように見える
□ ひとりあそびが多く、お友だちへの関心が低い
□ さわられるのを極端にいやがる

こだわり

□ 急な予定変更にパニックになる
□ 特定の洋服やおもちゃ、生き物に固執する
□ 特定の食べ物を絶対に受け付けない

早期支援のための
チェックリスト（3歳以上）

言葉

- □ クラス全体への指示だけでは理解できない
- □ 会話が成り立たない
- □ オウム返しや独特な声を発することがある

行動

- □ 過度にしゃべる
- □ いつも落ち着きがなく、動きまわっている
- □ 高いところへ登るのが好き
- □ きちんとしていなければならないときに、過度に走りまわったりする
- □ 言われても順番を待つのがむずかしい
- □ 少しいやなことがあるとすぐにかんしゃくを起こす
- □ あそびや余暇活動におとなしく参加することがむずかしい

注意・集中

- □ 忘れ物やものをなくすことが多い
- □ うわのそらでぼんやりしている
- □ 集中力がなく、気が散りやすい
- □ 指示に従うことができず、また課題を最後までやり遂げられない

かかわり

- □ 相手が傷つくようなことを平気で言う
- □ 面と向かって話しかけられているのに、聞いていないように見える
- □ ひとりあそびが多く、お友だちへの関心が低い

こだわり

- □ 急な予定変更にパニックになる
- □ 特定の洋服やおもちゃ、生き物に固執する
- □ 特定の食べ物を絶対に受け付けない

保育者が気になる子どもの行動

ある研究によると、発達がゆっくりだったり得意・不得意が際立っていたりする「気になる子」は、子どもの運動能力が飛躍的に発達し、言葉を理解し、少しずつ話し始める2～3歳ごろから目立ち始めることが多いようです。

また、その気になる特徴は年齢によっても異なり、0歳では運動面や「目を合わせない」などの発達面が主な特徴なのに対し、2～3歳では、「落ち着きがない」「パニックを起こす」などが気になる特徴として挙げられています。4～5歳になって、お友だちと大きな集団で行動するようになってくると、「落ち着きがない」「乱暴なことをする」といったことが気になる行動として挙げられています。これらは子どもが大勢いる集団保育だからこそ見える問題です。

家庭では保護者が子どもと一対一で向き合えますが、園ではひとりかふたりの先生がクラス全体を見ます。多くの園で、子どもが4～5歳になると、担当の保育者同士で相談し合う時間が少なくなってしまうことが、共通の悩みとなっているようです。気になる行動が多く見られる年中・年長クラスの保育について考える時間を取れるようにすることが、今後の課題となっていくでしょう。保育者たちは、集団保育の場にこそ解決の道があると信じて、責任をもって支援に取り組むことが大切です。

Part 2

保育の現場でのサポート

園にいるのは「気になる子」ばかりではありません。大勢の子どもを見るためには、何に気をつけ、どんな保育を目指していくのか、保育者としての役割や心構えについて考えることが大切です。

保育で一番大切なこと

どの子どもにとっても、乳幼児期は、人間形成に大きな影響を及ぼす大切な時期です。保育者は、どんな考え方をもとに乳幼児期の子どもの保育にあたればよいのでしょうか。

一人ひとりを大切にする保育

「気になる子」から視点を離して、「保育とは？」「保育者の役割は？」という広い視野で子どもの成長を考えてみましょう。「世話好きでお姉さん気取りのＡちゃん」「はずかしがり屋だけど、実はとってもやさしいＢくん」「しきりたがり屋のＣくん」「とっても元気にあいさつができるＤちゃん」……。保育園や幼稚園には、性格、発達の段階、家庭環境や地域の状況などが異なるさまざまな子どもがいます。

　では、この子たちみんなに共通していることは何でしょうか。それは「どの子も大切で、かけがえのない存在である」こと、そして「一人ひとりに合った配慮を必要としている」ことです。

　厚生労働省が保育の内容などを定める『保育所保育指針』も、「一人ひとりの発達過程に応じて保育すること」「子ども一人ひとりの人格を尊重して保育を行わなければならない」などのように、「一人ひとりを大切にする保育」を求めています。また、文部科学省が指導の内容などを定める『幼稚園教育要領』にも、同じように一人ひとりを大切にしなければならないことが示されています。

自己肯定感を育む支援のスタート

自分のことを「かけがえがない」「大切

【保育所保育指針・幼稚園教育要領】

保育園や幼稚園が必ず守らなければいけない規定で、保育内容や園の運営について定めています。障害のある子や配慮の必要な子どもには個別に計画を立てること、関係機関や保護者との連携、子育て支援などについても明記されています。

である」「価値がある」など、肯定的にとらえられる感覚を「自己肯定感」といいます。自己肯定感をしっかり持つことができると、成長にともなっていろいろなことに挑戦する力や、人とよい関係を結ぶ力を持てるようになります。

乳幼児期は、そのような自己肯定感を育むスタートの時期です。この時期に、周囲の人に受け入れられる経験や、自分なりに活動し、その結果「できた」「ほめられた」という経験を積み重ねることで、自己肯定感が徐々に育まれていくのです。

ですから、子どもが一日のうちの多くの時間を過ごす保育園や幼稚園は、まず、どの子どもも受け入れられていると感じられるように、安心して過ごせる環境をつくることが大切です。また、一人ひとりの子どもに対して、その子のできることとできないことを把握し、まずできることを少しずつ増やすように働きかける必要があります。

一人ひとりが大切

保育で目指すもの

自分自身を大切に思う「自己肯定感」を育む保育を目指しましょう。そうすることで、人生においていろいろなことに挑戦する勇気や自信を持つことにつながります。

集団保育のよさをいかす

保育園や幼稚園では、「気になる子」もそうではない子も、同じ場所で遊んだり食事をしたりします。このような集団保育にはどんなメリットがあるのでしょう。

保育の現場だからできる支援

集団保育での支援のメリットは主に３つあります。

ひとつ目は、毎日くり返す活動（ルーティン活動）が多く、そのくり返しのなかで学べるということです。ルーティン活動には、朝の会や歌の時間、製作の時間などがあります。そこでは、つまずきがある子に対して、支援や成長のチャンスを毎日つくることができます。

ふたつ目は、活動の自由度の高さです。保育園や幼稚園の活動は、「今日は教科書の○ページまで」というような学校の授業とは違うので、保育者が子ども一人ひとりに合わせて目標を設定しやすいという面があります。

３つ目は、まだ発達の段階に個人差が大きいため、どの子も抵抗なく支援を受け入れやすいということです。

乳幼児期は、同じ年齢の子どもでもまだ発達の段階がばらばらなので、集団のなかで子どもが支援を受けても自然なこととして受け入れられます。そして、周りの子どもも、保育者の姿から子ども同士のかかわり方を学んでいきます。

集団だから見える「気になる」行動

子どもの特徴は、家庭のなかだけでは見えにくいものです。

column

インクルーシブ教育

障害を理由に一般教育制度から排除するのではなく、障害のある子もない子も、一人ひとり異なった個性を持つものとしてとらえ、同じ場で教育すること、その教育理念。すべての子どもがともに学ぶために、個別の支援が必要な場合は適切な指導を提供します。

一方、多くの子どもたちと集団行動をする場面が多い保育園や幼稚園などでは、ほかの子とは違うその子の性格や行動の特徴などが見えてくることがあります。

たとえば、ほかの子は抵抗がないことに拒否反応を示す、ほかの子のあそびに興味を示さないなど、配慮が必要な特徴にも気づきやすくなります。

集団保育でも個別に配慮する

集団保育といっても、ただ子どもを同じ場に集めて一律に指導するだけでは、発達の段階の異なる子どもたちは、戸惑ってしまうでしょう。

たとえば、言葉での指示が伝わりにくい子には絵カードを使う、絵や製作が苦手な子には細かく手順を教えるなど、その子が理解しやすく、達成感を得られるような配慮や工夫が必要です。そうすることで、集団保育が意味あるものとなります。

ともに成長する 集団保育のメリット

集団での活動を通して一人ひとりに適した支援をすることで、気になるところのある子もない子も、ともに成長します。

毎日の活動がくり返される（ルーティン活動） →	くり返すことで経験がつみ上がっていく
活動の枠組みのなかでの自由度が高い →	一人ひとりの子どもに合わせた活動を設定しやすく、支援も行いやすい
同じ年齢の子どもでも一人ひとりの発達に差がある →	個別に支援されることが自然で受け入れやすい

気になる行動の分析と支援方法の導き方

表面に出てきた「気になる」行動だけを見ていても、その子に必要な支援は見つかりません。「気になる」行動を分析し、一人ひとりに合った支援方法を考えることが必要です。

「気になる」行動を分析する

　子どもの「気になる」行動の背景には、必ずその子なりの理由があります。「困った」や「不安」を感じて「気になる」行動をとっていることもあるでしょうし、「衝動」など、その子自身がその理由に気づいていないこともあるでしょう。どちらにしても、表面にあらわれた行動だけでは、その背景に隠れている理由はわかりません。

　そこで、「気になる」行動に気づいたら、なぜその子が「気になる」行動をしたのかを分析し、理由を探る必要があります。

　たとえば、「保育室や園から飛び出してしまう」Ａくんを考えてみましょう。

　まず、「気になる」行動の前後の状況を思い出します。Ａくんが飛び出す前には、いつもトラックのエンジン音やパトカーのサイレンなど乗り物の音がしていました。けれど、ほかの保育室から歌やお友だちの声が聞こえてきたときは飛び出していきませんでした。また、ふだんはＡくんはお友だちとあそぶよりも乗り物のおもちゃでひとりであそんでいることが多いようです。

　これらからわかるのは、Ａくんは乗り物への強い関心がありそうだということです。そのため、乗り物の音が聞こえると、強く興味を引かれて、見たい気持ちをがまんできずに保育室を飛び出してしまうのでは、と推測できます。また、Ａくんは音に敏感

column

子どもの好きなもの、得意なこと

気になる子がいたら、その子があそぶところをよく観察してみましょう。いつもやっているあそびや必ず反応するものはありませんか。それがその子の好きなものであり、得意なことです。保育者がその子の得意なことを見つけることが、支援の第一歩です。

に反応することもわかります。

このようにまずは、子どもの「気になる」行動の理由を分析していくことが支援へとつながる第一歩になります。

必要なスキルと支援方法を考える

「気になる」行動から理由を推測できたら、次はその理由に合わせて、その子に「必要なスキル（＝支援目標）」を明らかにし、具体的な支援方法を考えます。

Aくんの場合、必要なスキルは、乗り物の音がしても外に出ていかず、お集まりの活動に参加し続けることです。

支援方法を考えるときは、その子の得意なことや好きなことをいかすこともポイントです。Aくんのように乗り物や音が好きで、敏感に反応するならば、乗り物や音であそびの幅を広げることができるでしょう。

Aくんのために保育者ができる支援として、次のようなことが考えられます。

「気になる」行動から 分析してみよう

気になる行動の前後を思い出し、その子の立場に立って、なぜその行動をとったかを考えましょう。

お集まりの活動時

・乗り物の音がしたら「Aくん、今は○○の時間だよ」と声をかけて、注意を活動に戻す。

・お集まりの活動自体をAくんが楽しめるものにする。

・Aくんの席を保育者の近くや保育室から出ていきにくい場所にする。

お集まりの活動時以外

・自由あそびのときに乗り物の音が聞こえたら、「パトカーが来たね」などと声をかけて外に見に行かなくても気持ちが収まるように対応する。

・製作でいろいろな音を楽しめる手作りの楽器をつくるなど、音への関心を乗り物以外にも広げていく。

分析や支援方法を考えるときには、行動支援表などを活用し、ほかの保育者とも情報共有をしましょう。

そして、適切な行動をとれたときには、それをほめることも、大切な支援のひとつです。認められ、ほめられることで子どもは「できる！」という気持ちを持つことができるようになります。

なるべく多くのアイデアを

「気になる」行動を分析するときは、なるべく複数の保育者がかかわるようにし、多くの視点から分析するのが望ましいでしょう。ひとりの保育者の視点による分析では、見方が偏《かたよ》り、その「理由」をまちがってとらえてしまうおそれもあるからです。行動支援表を記録している場合は、それを持ち寄って、意見を出し合うのもよいでしょう。どのような場面で、どのような「気になる」行動があったか、具体的に話すようにしましょう。

同様に、具体的な支援方法も複数の保育者で考えたほうが、多くのアイデアを出せ

column

保育者同士の連携

子どもの支援方法を複数の保育者で考えるとき、身近な保育者に個別に相談することもありますが、園全体で協力し合うのがよいでしょう。園全体での協力体制のつくり方や、その際に便利な資料については、本書のPart 4で紹介しています。

ます。さまざまな保育観や経験を持った保育者たちで分析し、支援のアイデアを出し合い、情報を共有することが重要です。

支援方法が合っていないときは

支援は基本的には同じ方法をくり返し行いましょう。「気になる子」のなかには、変化をいやがる子も多く、毎日同じ時間に、同じ方法や順番で、ものごとに取り組みたいと思う子も少なくないからです。うまくいったら、適切な行動が定着するように支援を続けましょう。また、その支援方法を、周りの保育者や保護者にも伝え、情報を共有しておくことも大切です。

ただ、実際にやってみて、どうしてもうまくいかない場合や、保育者がその支援方法がその子には合っていないと感じたときは、もう一度その子の「気になる」行動と「理由」を分析し直して、新しい視点で支援プランを考えることも検討しましょう。

行動支援表を使って 支援方法を考える

気になる行動に気づいたら、その背景にある理由と、必要なスキルとそれを達成するための支援方法を行動支援表に書き込みます。

行動支援表

（表 1）

気になる行動	保育室や園庭から出て行ってしまう
その背景にある「理由」は？	パトカーなどの乗り物の音が聞こえると見に行きたくなる
子どもの好きなこと 得意なこと・強み	乗り物への強い関心・音への興味

（表 2）

必要なスキルは？	外に出て行かずにお集まりの活動に参加できる
具体的な支援方法	【お集まりの活動時】 ・乗り物の音がしたら「Aくん、今は歌の時間だよ」と声をかけて注意をこちらに戻す　など 【お集まりの活動時以外】 ・乗り物の音が聞こえたら、「パトカーが来たね」などと声をかけて、外に見に行かなくても気持ちが収まるようにする　など

（表 3）

支援の連携	
保育者間の共通理解事項	保育室から出ているAくんを見かけたら「クラスでおもしろいことをやるみたいだよ。戻ろうか」と声をかける
保護者に対して	「パトカーの音に反応しましたが、声をかけたらきちんと歌に参加できました」と伝える

周りの子どもとの関係づくり

小さな子どもが集まれば、おもちゃの取り合いなど、ちょっとしたいさかいが起こりがちです。「気になる子」が周りの子とうまくあそべないときのことも考えておきましょう。

まずは保育者が働きかける

ルールを守れなかったり、暴力をふるったり、ひどい言葉を言ったり……。そんな「気になる子」があそびに入ってくるのを周りの子がいやがる場面もあるかもしれません。

そんなときには、保育者はまず、どうして一緒にあそびたくないのか、仲間に入れられないのか、子どもの素直な気持ちを聞き、その感情を受け止めることが大切です。

そのうえで、「気になる子」がどうしてそんなことをしてしまったのか、状況や気持ちを説明し、わざとではなかったことをわかってもらいます。そして、「きらい」と言うなど、その子が「気になる子」に対してとった言動が適切だったのかを、一緒に考えてみます。

同時に、「気になる子」には、友だちがどんなことをいやがっているのか、どんな気持ちかを伝えるとともに、友だちとの具体的なかかわり方を説明します。

保育者の接し方がモデルに

周りの子どもは、保育者がどのように「気になる子」にかかわっているかをよく観察しています。そして素直な子どもは、それにとても影響をうけます。

保育者が「気になる子」を赤ちゃん扱いする態度をとったり、「どうしてそんなこ

【共生社会】

これまで十分に社会参加できる環境になかった障害者などが、積極的に参加・貢献できる社会を共生社会といいます。誰もが人格と個性を尊重し支え合い、人々の多様なあり方を認め合える、我が国が目指す社会です。気になる子と周りの子どもが互いを認め助け合うことは、この共生社会を実現する第一歩となります。

ともできないの！」などと叱責《しっせき》をすることは、その子が「何もできない子」「先生を困らせる子」であるというメッセージになってしまいます。すると、周りの子どもは「小さな先生」となって、その子に同じようなかかわり方をするようになります。

それとは逆に、保育者が「特別な支援が必要な子」としてだけでなく、その子のできることや得意なことなど、ポジティブな面にも注目し、周囲と分けへだてなく声がけをしていくと、ほかの子どももその子を仲間として受け入れるようになります。

子ども同士の関係 働きかけのポイント

「気になる子」のAくんがBくんをたたいたため、Bくんは、Aくんのことを「きらい」と言いました。保育者は、2人にどう働きかければよいのでしょうか。

● Bくんへの働きかけ

その子の気持ちを受け止める	保育者	どうしてAくんのことをきらいって言うの？
	Bくん	だってAくんはすぐたたくから
	保育者	そっかあ。たたかれたら痛いしいやだよね
「気になる子」がどうしてその行動をとってしまったかを代弁する	保育者	Aくんがたたいたのは、本当は「あそぼう」って言いたかったけど、言えなかったからなんだよ
	Bくん	そうなの？
その子がとった行動が適切だったか考えさせる	保育者	もしBくんがほかの子に「きらい!」って言われたら、どんな気持ちかな？
	Bくん	かなしい

● Aくんへの働きかけ

「気になる子」に具体的なかかわり方を教える	保育者	Aくんがたたかれたらどんな気持ちかな？
	Aくん	いや
	保育者	そうだよね。じゃあたたかないで、Bくんに「あそぼう」って言ってみようね

子どもの課題を見つける行動分析

気になる子の課題を把握するためには、心理学でいう「行動分析」が役立つことがあります。

行動分析とは、「なぜそれをしたのか（原因）」と「どうなったのか（結果）」から、対象の行動パターンを導き出すもので、行動を予測したり危険を回避したりする方法のひとつとされています。

お集まりで歌が始まると遊具コーナーへ行ってしまい、先生が声をかけても戻ってこないＡちゃんについて考えてみます。

Ａちゃんは音楽が大好きで、オルガンで演奏するとよろこびますが、言葉に遅れが見られます。Ａちゃんは歌詞のある歌が苦手で（原因）、遊具コーナーへ行けば苦手な歌から逃れられる（結果）から、歌が始まると遊具コーナーへ行ってしまうのかもしれません。

そこで先生は、歌のなかでＡちゃんの好きなパンダを登場させることにし、途中でぬいぐるみを出すことにしました。歌も、歌詞が少なく、ハミングのあるものに変えました。すると、Ａちゃんは出て行かなくなりました。

このように子どもの行動には意味があります。周りにとっては一見困った行動に見えても、子どもはそれを通して、なんとか周囲と折り合いをつけようとしているのかもしれないのです。そういったことを踏まえ、その子の内面に迫って見直してみましょう。

気になる子の行動分析と対応

発達の面からは	環境の面からは
運動、あそび（認知）、言語、社会性、情緒、五感（視覚・触覚・聴覚・嗅覚・味覚）のどこにつまずきがあるのかを探る	活動内容、活動形態、活動の場、時間帯、他者（お友だち、先生）とのかかわりなど、場面ごとに分析する

Part 3

気になる子の保育実例集

園で実際に「気になる」行動が見られたとき、その子はどんな気持ちで、どうしてそれをしているのでしょうか。保育者はどんな支援をしていけばいいのでしょうか。園生活の場面ごとに見ていきます。

朝

登園をいやがる

生活動作

第1日目から行きたがらない子、初めは元気に通っていてもだんだん行きたがらなくなる子など、いろいろなケースがあります。

どうして？

- 皆と一緒の集団生活になじめない
- 園の様子がわからず不安
- 園で何かいやなことがあった
- その日、園で苦手な活動がある
- お母さんと会えなくなると思っている

「ダメ」と怒る前に理由を聞こう

子どもが登園をいやがったら、「行きたくないんだね」と、まず気持ちを受け止めて、それから理由を聞きましょう。「そんなことで行かないなんてダメじゃない」と叱ったりせず、登園したくなる意欲を少しずつ持たせていきます。

言葉で説明するのが苦手な子には、バスに乗るのがいやなのか、園で苦手な活動があるのか、子どもの気持ちに寄り添いながら理由を探ります。1週間のうち、決まった曜日だけ登園をいやがるという場合もあります。そのためには生活リズムなどの情報を保護者と共有しておくことも重要です。

サポートの具体例

1 一日の流れを絵に描く

園でどんなことをするのかわからなくて不安になる

園でどんなことをするのかわからなくて不安になり、そのために園の生活になじめなかったり、園に行くのをいやがったりすることがあります。そういう子のために一日のスケジュールを絵に描いて見やすいところに貼っておきましょう。流れがわかると安心でき、園の生活になじみやすくなります。

スケジュールが変わるときは

行事の前後や連休のときは、一日のスケジュールが変わることがあります。そんなときは、前もって子どもに言っておきましょう。保護者に伝えておくことも大切です。

One Point

スケジュールを貼り出すほか、保育室の時計にもマークをつけておきます。たとえば、数字の3にバスのマークをつけ、「針がここに来たら帰るしたくをしようね」と言っておきます。先の見通しがいつどこにいてもわかるような環境をつくっておくと、いやなことがあって早く帰りたいようなときも、子どもは「3のところまでがんばろう」という気持ちになれます。

サポートの具体例

2 役割を与えて達成感を持たせる

お手伝いを頼み、感謝を伝える

何か失敗をした、行事の練習が苦手など、ちょっとしたことで園に行きたくなくなってしまう子もいます。その子の能力に見合ったお手伝いを見つけて、クラスのサポートをさせ、できたら「ありがとう」と言ってあげましょう。役に立っているという実感から、意欲を取り戻します。

できる役割を与える

先生に期待されている、と思うとがんばれる子は多いもの。「きょうは先頭さんをやってね」と、列の一番前に立たせるなど、その子にとって誇らしい役割を考えてあげましょう。

サポートのポイント

- ☑ 自信を持たせるのが目的なので、できそうなことを頼む
- ☑ その子にとってむずかしそうなことは頼まない
- ☑ できたら「ありがとう」「手伝ってくれて助かったよ」と感謝を伝える
- ☑「よくできたね」「上手ね」とほめてあげる

Voice

園児たちにお母さんや先生に言われて一番うれしいことは何？　と聞いたら「ありがとう」という答えがたくさん返ってきました。それ以来、ほめるより先に「ありがとう」と言うようにしています。

サポートの具体例

3 保護者との信頼関係を見せる

お母さんと先生は仲よし

お母さんと離れたがらない子には、保育者はお母さんから信頼されている人だと行動で見せてあげましょう。家庭と園がつながっていることがわかると安心する場合があります。

お母さんですか？
これからお散歩に出ます

大丈夫、
儀式みたいなもので、
みんな泣きますよ

One Point 子どもがあまりに泣き続けると、保護者が不安になってしまったり、さらに保護者の不安が子どもに伝わって、子どもがますます不安になってしまうこともあります。保護者がほっとできるようなひと言をかけましょう。どうしても不安そうな場合は、子どもに見つからないよう、そっと見にきてもらうようにしましょう。

朝

あいさつができない

ルール

あいさつをする習慣がなかったり、顔を合わせても黙っている子がいます。まずあいさつの習慣をつけるところから始めます。

どうして？

- 人に対して不安感を抱いている
- あいさつの意味がわからない
- あいさつの言葉を知らない
- 人と視線を合わせられない

あいさつの習慣をつくりましょう

あいさつの言葉を知らない、あるいはわかっていても、気軽に言えない子もいます。どんなときにどんな言葉を言えばいいのか手本を示しつつ、あいさつの意味と楽しさを伝えていきましょう。不安がある子には強制せず、その代わり、その子ができる別の合図をつくっておきます。それを習慣にして、徐々に不安をなくしていきます。

また、家庭ではふつうに話すのに、ある状況になるとまったく話さない子がいます。「場面かん黙《もく》」といい、初めての集団生活での、あいさつの段階でわかることがあります。

サポートの具体例

1 ほかの形に置き換える

ハイタッチやバイバイでもOK

登園したら先生と「ハイタッチ」、さよならのときは手を振って「バイバイ」など、その子ができる方法であいさつを置き換えます。保育者は「おはよう」と言いますが、子どもには無理強いはしないようにします。慣れてきて、子どもが「おはよう」と返してきたら、「おはようが言えたね、えらいね」とほめてあげましょう。

コミュニケーションは、スキンシップから育ちます。手を合わせる、握るなどスキンシップを含む方法がよいでしょう。

サポートの具体例

2 視線を合わせる機会を増やす

顔タッチで視線を合わせる

「おはよう」と声をかけてもこちらを見ない子は、視線を合わせることに恐怖心があるかもしれません。手をつないで安心させたり、保育者の顔をさわらせたりします。耳、口からさわらせて、相手の顔が視界に入ってくる機会を増やしていきましょう。

朝

したくができない

生活動作

荷物や帽子をしまう、スモックを着る、といった身じたくが苦手な子がいます。やり方がわからない場合と、したくに集中できない場合があります。

どうして？

- 何をすればいいかわからない
- どうやってやればいいか、やり方がわからない
- したくの手順を覚えられない
- 自分のものとほかの子のものの区別がつかない
- ほかのことに関心が移ってしまいしたくを忘れる

せかさず、楽しくできる工夫を

整理が苦手だったり、手先が不器用でしたくができない子、朝何をすればいいか忘れてしまう子、わかっていてもやらない子、途中でほかのことに関心が移ってしまい、最後までできない子など、したくができない子のケースはいろいろです。

「早く、早く」とせかすと、したくそのものがいやになってしまうこともあるので、子ども自身がよろこんでできるような工夫をしましょう。

あえて手助けをせずに見守ることで、できるようになっていく子もいますが、多方面からの支援が必要なこともあります。

朝
あそび
集まり
散歩
友だち
着替え
食事
トイレ
行事
その他
降園
危険

サポートの具体例

1 所定の場所をマークで示す

自分専用のマークで
愛着を持たせます
クマさんの
ところだよ

サポートのポイント

- ☑ マークはなるべく大きめにし、見やすく
- ☑ 一人ひとりのマークを決めるときは子どもに好きなものを選ばせる
- ☑ 同じようなフックが並んでいるときは、帽子の絵、かばんの絵など、かけるものを描いたシールをフックごとに貼る

マークをつけて愛着をわかせる

子どもが使う棚やカゴには、名前のほかに絵がついたシールを貼っておきましょう。その子のものにも同じシールを貼っておき、「自分の場所」と「自分のもの」が見てわかるようにします。人のものと自分のものとの区別がつくようになり、所定の場所への愛着も生まれやすくなります。

Voice

わかっていても､大人の反応を見るのがおもしろくて､違う棚に入れちゃう子がいますね。大げさに反応せず、ちゃんとした位置にこちらが戻すか、子どもに戻させます。保育者がクールな反応しか示さなければ、子どももあきらめます。

サポートの具体例

2 手順をかみくだいて伝える

ひとつずつ教えて、ひとつずつクリア

「朝来たらかばんを置いて、かばんからタオルとコップを出して、タオルをかけて、コップを置いて…」と、いっぺんに説明しても覚えられない子もいます。手順はなるべく一つひとつ伝えるようにし、言葉だけではむずかしい子には、個別に絵カードなどをつくって見せましょう。毎日同じ動作をくり返していくうち、ゆっくりでも流れができていきます。

言葉だけでなく
絵カードも使い
ましょう

できることを少しずつ増やす

ひとりでしたくができない子は保育者が手伝ってあげることも大切です。ただし、すべてを保育者がやるのではなく、何かひとつでも子どもにやらせるようにしましょう。そして徐々にできることを増やしていきましょう。

Voice

手順にこだわる子もいます。順番を変えるときは、新しい順番をひととおり保育者と一緒にやってみて、「明日からはこの順番でおしたくしようね」と言うようにしています。

朝
あそび
集まり
散歩
友だち
着替え
食事
トイレ
行事
その他
降園
危険

サポートの具体例

3 続けてできるように声がけする

少しずつひとりでできるようにする

絵カードを見てしたくができるようになってきたら、今度はしたくを続けてできるように支援していきます。子どもがかばんからタオルとコップを出せたら、「次は何をするの？」と声をかけます。「次は？」の声がけで、順序よくしたくができるようにしていきます。

誘惑を減らす

なかには集中力がなく、何か好きなものを見つけてしたくを途中で忘れてしまう子もいます。子どもが関心を持ちそうなものはなるべく周囲に置かないようにしましょう。

Voice

「終わったら先生のところに来て、手をパチンしようね」と言って、一つひとつの動作の合間に来てもらうようにしています。それが励みになったのか、多少誘惑があっても、最後までやり遂げられるようになりました。

あそび

集団あそびに参加しない

生活動作

子どもはあそびのなかで集団でのさまざまなルールを学びます。気になる子のなかにはお友だちとあそばない子もおり、その子に合った支援が必要です。

どうして？

- 仲間に入れてもらう方法がわからない
- 集団あそびに興味がない
- ひとりあそびが好き
- ごっこあそびが苦手
- お友だちのあそびを見て、楽しんでいる

自然に仲間に入れるようにする

年中さんから年長さんになると、子どもたちはグループであそぶようになります。ボールあそびひとつをとっても、順番にボールを投げるなど、子どもなりにルールを考え出していきます。

けれど、気になる子のなかには、コミュニケーションが苦手だったり、人に興味がなかったりして、集団あそびに参加しない子がいます。「みんなとあそびなさい」と無理に促《うなが》すのではなく、興味を持ち始めたときに自然に入れるように支援します。「みんなといると楽しい」と思えるように、お友だちとあそぶ機会を増やしましょう。

サポートの具体例

1 保育者が仲立ちして仲間に入れる

「仲間に入れて」が言えない子には

気になる子のなかには、「～したい」「～して」といった自分の意思や欲求を伝えるのが苦手な子もいます。一緒にあそびたそうにしているのに「入れて」と言えない子には、保育者が仲介して、「仲間に入れてくれる？」とみんなに聞いてみましょう。保育者をまねて、自分できっかけをつくれるようになるまで、手助けすることが大切です。

Voice

個のあそびを尊重しつつ、周りにいるお友だちに興味を持てるような声がけをするように心がけています。

お友だちのところに行きたがらない子には、無理に強制はしませんが、「みんなが何をやっているのか、見に行ってみようか」などと少しでも興味を持てるようにしています。

サポートの具体例

2 まねをさせて、体験させる

まねしてみようか。
……おかえりなさい
おかえり
なさい

保育者を通じて役割を体験

役割がわからなくて、一緒にあそべない子もいます。たとえば2、3歳の子でもできる集団あそびのひとつにごっこあそびがありますが、空想であそぶことが苦手な子は、役割がわからないこともあります。最初は日常生活をもとにしたおままごとから始め、まねするだけでもよいので、保育者が先導してあげましょう。

言葉だけでなく動きも示す

「お茶碗を持つまねをしよう」と言葉で言うだけではイメージがわかない子もいます。おままごとなら、「お母さんの役」というように役割をひとつ決めたうえで、どんなことを言って何をしたらいいか、動作と言葉で具体的に見せてあげましょう。

サポートのポイント

- ☑ 動作と言葉で示す
- ☑ 子どもにまねをしてもらう
- ☑ まねができるようになったら、「じゃあ、みんなと一緒にやってみようか」と促《うなが》す
- ☑ お友だちのところに行きたがらない子には「みんなは何をやっているかな？」と声をかける

One Point

おままごとをしているお友だちのそばでニコニコしているだけの子もいます。実際には一緒にやっているわけではないのですが、本人は一緒にあそんでいる気になって楽しんでいるのかもしれません。そんなときは無理に一緒にあそばせず、「楽しそうだね」など、その子が思っていそうなことを言ってあげましょう。仲間に入りたそうであれば、お友だちのところに連れて行って、入れるように仲立ちしましょう。

3 サポートの具体例 集団の一員であることを教える

かかわりを増やす活動をもうける

集団あそびに興味を示さない子のために、子どもの得意な活動を利用して、教室全体で活動できる時間をもうけます。体を動かすのが好きな子には、「なべなべそこぬけ」や「じゃんけん列車」など、言葉を使わず、動きのある楽しい活動を取り入れます。体を動かすのが苦手な子には、しりとりのようなあそびがいいでしょう。

サポートのポイント

- ☑ 勝ち負けのない集団あそびにする
- ☑ 言葉の遅い子には、輪になって握手をし合うなど、スキンシップを重視する
- ☑ 参加したがらないときはそばで見ているだけでよい
- ☑ 順番などルールのあるゲームは、はじめは保育者と一対一で試す

One Point 2、3歳ではひとりで、4歳くらいからお友だちと、5歳くらいから5、6人であそぶようになるのが子どもの自然な発達とされています。そして、小学校に入学するころから、大人数で楽しめるようになっていきます。園ではそのきっかけ、入り口をつくることになります。まずは周りのお友だちに興味を持たせるところから始め、そのなかで信頼できるお友だちをつくり、そこから少しずつ集団になじませるようにしましょう。

あそび

お友だちとのかかわりが少ない

生活動作

特定の保育士やお友だちとだけかかわって、ほかの子とかかわれない子やお友だちに興味を示さない子がいます。対等の関係が苦手な場合もあります。

どうして？

- お友だちに関心がない
- 保育士から離れられない
- 特定のお友だちとしかかかわれない
- 言葉のやり取りができない

周りへの警戒心もある

子どもにとって幼稚園や保育園は、家庭以外で、初めて人とじっくりかかわる世界です。その場所やそこにいる人たちが、安全で安心できるとわかるまでは、かかわりを持つまでに時間がかかることもあります。担任や特定の保育者にべったりになってしまったり、周りにいるお友だちとはかかわれない、または関心がなくかかわろうとしない子もいるでしょう。

そんなときは、まずは見守り、幼稚園や保育園が安心して過ごせる場所だということを伝えて、子どもに余裕が出てきたら、周りに目を向けさせるようにしましょう。

サポートの具体例

1 みんなのそばにいられるように見守る

まずは園が安心して過ごせる場所だと教えよう

どんな子でも、初めての場所は緊張して、身がまえてしまうもの。安心できるまでは、周りのお友だちにも目が行きません。初めのうちは登園から降園まで園でひとりであそべるだけでも十分です。「ちゃんとみんなといられたね」とほめてあげましょう。

ほかの先生と協力する

特定の保育者にくっついて離れられない子もいます。しかし、たくさんの子どもを一度に見ている保育者は、特定の子だけをずっと見ているわけにはいきません。担任を持たない先生など、周りの保育者にも状況を伝え、手伝ってもらうようにしましょう。

Voice

同じくらいの年齢の子どもに、ライバル心を持ってしまい、うまくかかわれない子もいます。まずは先生と信頼関係がきずけるようにしています。

なかにはトイレまでついて来る子もいますね。さすがにトイレは一緒に入れないので、「大丈夫だよー、ここにいるよー」って大声で呼びかけて、安心できるようにしています。

サポートの具体例

2 周りに関心を向けさせる

お友だちがもうひとつ
車を持ってきてくれたよ。
いっぱいになったね。

ほかの子とかかわれるように保育者が仲立ち

少しずつ園に慣れて、心に余裕が出てきたら、周りにいるお友だちに目を向けさせて、関心を持てるようにしましょう。保育者とお友だちが仲よしだとわかるように見せてあげるとかかわりやすくなる場合もあります。保育者が適度に仲立ちし、安心できるお友だちをつくっていきましょう。

お友だちの輪を広げよう

お友だちができたら、かかわれるお友だちを少しずつ増やしていきます。自分の周りには、お友だちがたくさんいるんだ、ということに気づかせます。名前をきちんと覚えて呼ぶなど、かかわり方のルールも教えていきましょう。

Voice

ほかの子とお話ができない子には、「おはよう」「こんにちは」といったあいさつから始めるようにしています。言葉であいさつするのがむずかしければ、ジェスチャーを使っています。できたときは、「新しいお友だちができたね。よかったね」と一緒によろこんであげます。

サポートの具体例

3 得意なことをきっかけにしてお友だちとつなげる

サポートのポイント

- ☑ 自由時間にはその子の好きなことをさせる
- ☑ いいもの、独創的なものができたら、みんなに「○○ちゃんのつくったもの、すごいよ」と知らせる
- ☑ 「△△ちゃんは何をつくってるかな?」と、ほかの子の得意なことにも関心が向くよう促《うなが》す

認められればどんな子もうれしい

どんな子でも得意なことや夢中になれることがあるものです。ほかの子が「すごい」「教えて」と言ってきたのをきっかけにお友だちができたケースもあります。保育者が「すごいね、上手だね」と言って、みんなに気づかせるのもいいでしょう。得意なことをきっかけに、人とかかわれるようにしていきましょう。

One Point 気になる子の得意なことには、共通点があるようです。テーマに沿った絵は描けなくても色使いは豊か、好きなことはとことんやる、文字や数字が読める、ブロックで形を表すのが得意など、その子の特徴を伸ばすようにします。

あそび

特定のあそびにこだわる

生活動作

子どもはさまざまな種類のあそびを通して指先や体の使い方を学んでいきますが、特定のあそびにこだわり、それをずっと続ける子もいます。

どうして？

- ほかのあそびを知らない
- 水や土などの感触が苦手でほかのあそびをしない
- 興味の偏《かたよ》りがある
- 単調なあそびに没頭してしまいほかに関心を向けない
- 自分の世界に入りこんでしまう

気になる子の特徴のひとつ

乳幼児期の子どもにとって、あそびは手先や体の感覚を身につけたり、ルールづくりやお友だちとの関係をきずく上で大切です。しかし、気になる子のなかには、一冊の絵本が大好きでくり返して見る、積み木あそびばかりやるなど、特定のあそびにこだわって、バリエーションが少ない子がいます。きらいだから「しない」場合もあれば、知らないから「試さない」「あそび方がわからない」という場合もあります。

　まずは、無理にほかのあそびをさせるのではなく、その子の世界を尊重しながら、レパートリーを増やしてあげましょう。

サポートの具体例

1 その子の世界に合わせてあげる

子どものあそびの世界に入って変化をつける

電車のおもちゃを持ってあそんでいる子なら、「こっちから新幹線が来たよ」と言って、新しいおもちゃを追加したり、「じゅうたいだー」と言ってあそびの世界に変化をつけてあげましょう。また、人と一緒にあそんだ、という感覚を持たせてあげることも大切です。

こだわりを軸に世界を広げる

電車が好きなら電車が出てくる絵本を読み聞かせする、お客さんとして保育者が乗るまねをする、電車の塗り絵をするなど、関連づけた別のあそびにさそったり、ほかの子や保育者がやっているところを見せたりします。「楽しそう」「やってみたい」と、関心が広がることがあります。

サポートのポイント

- ☑ その子のあそびに保育者が「入れて」と入る
- ☑ 単調なあそびに没頭しているときは、少し変えるなど、保育者が広がりを持たせる
- ☑ 「あと 10 回やったら終わりね」など切り替えのめどをつける

あそび

あそびが続かない

生活動作

おもちゃであそんだかと思うと外に飛び出してあそびだすなど、あそびを次々に替えてしまう子がいます。そのなかでもルールはしっかり教えます。

どうして？

- ほかのものを見ると興味が移ってしまう
- 集中力にかたよりがある
- 同じ場所に長い時間いられない
- 言葉のやりとりができない

やりっぱなしには理由がある

気になる子のなかには、ひとつのところにじっとしていられない子がいます。おもしろそうなものに次々に目が移ってしまったり、興味が続かなかったりして、ひとつのことを終わりまでできないこともあります。

ひとつのあそびが続けられなくても、あそびのなかで人とのかかわりやいろいろな役割を経験させたり、ひとつのあそびのなかでバリエーションを広げるといった、段階を変えた支援を少しずつ行いましょう。ただし、片づけや、お友だちとあそぶときのマナーなどの最低限のルールだけは、しっかりと守らせるようにしましょう。

サポートの具体例

1 あそびの楽しさを伝える

あそびのなかでやりとりを

どの子にも好きなあそびが必ずあります。そのあそびが始まったら、あそびのやりとりを続けてみましょう。まずは、その子のやり方であそばせて、別のあそびに目が移ってしまう前に、あそび方を少しアレンジしてみたり、保育者も一緒にやってみるなどして、そのあそびが続けられるように工夫します。

感覚あそびは人とのかかわりのきっかけにもなります。

感覚をいかしたあそびを活用

子どもはくすぐられたり、高い高いやぐるぐる回ったりする感覚あそびが大好きです。やり始めると、何度も「やって」と気持ちを伝えてきてくれるかもしれません。感覚あそびからあそびを続けてみましょう。

サポートの具体例

2 最低限のルールやマナーは教える

お外に行く前に
おもちゃは片づけようね

やりっぱなしはダメ

集中力がなかったり、すぐ興味が移ってしまう子は、前にやっていたことをやりっぱなしにしてしまうことが多いもの。そこは保育者が呼びとめて、「お片づけは？」と言って、ルールはしっかり守るように教えましょう。「よーいどん！」と言って、片づけをあそびにするのもいいかもしれません。

あそび

あそびのルールが理解できない

ルール

鬼ごっこやかくれんぼなど、あそびのルールがわからない子がいます。それが、集団になじめない原因になっているかもしれません。

どうして？

- ルールがむずかしくて理解ができない
- ルールを守る意味がわかっていない
- ルールを守ることにあきてしまう

楽しんでルールを守れる工夫を

集団生活には、社会生活や人間関係をスムーズにするためのルールがたくさんあり、あそびのルールは、そういったルールを守る第一歩です。けれど、ルールを理解して覚え、それを守るのがむずかしい子どももいます。また集中力がなく、ルールを覚えても、すぐにあきてしまって守れない子もいます。

ルールを守れなかったら怒るのではなく、守れたらほめ、ルールを守れないときは守れているほかの子をほめて指導します。また、あまりに細かくルールを定めると楽しくなくなってしまうので注意します。

朝
あそび
集まり
散歩
友だち
着替え
食事
トイレ
行事
その他
降園
危険

サポートの具体例

1 ルールをみんなで確認する

クラスのみんなでルールの確認

あそびのルールをみんなで確認してみるといいでしょう。「あそぶときに気をつけることは何かな？」と、お友だちと楽しくあそぶためのルールも一緒に確認します。あそぶ前に確認をしておくと、あそびに夢中になっていても、ルールを思い出しやすくなります。

あそぶときに
気をつけることは
何かな？

おもちゃをひとりで
使っていたら、みんなが
使えなくて困るよね

サポートのポイント

- ☑ 鬼ごっこの鬼役は冠をかぶるなど、ルールが目で見てわかるようにする
- ☑ 複雑なルールであそぶときは保育者が手をつないでその子をサポート
- ☑ 慣れてきたら、ひとりでもできるようにする

絵で伝える

言葉で伝えるだけでは理解できない子もいます。絵カードなどを使って、視覚でわかるような工夫をするといいでしょう。同じような場面で同じ絵カードを使い、くり返し教えるようにします。

サポートの具体例

2 簡単なルールから始め、サブルールを決める

“ゆるルール”から始める

みんなで一緒に楽しめるあそびを通してルールの存在を理解させましょう。みんなで楽しむあそびとしては、複雑なトランプや、一対一で勝ち負けがはっきり出るゲームより、おしくらまんじゅうのようにシンプルなものが向いています。

サポートのポイント

- ☑「ルールを守れたらごほうび」といったサブルールを決める
- ☑「がまんできなくなったら5数える」など、気になる子には個別のルールをつくる
- ☑ 暗黙のルールを察知できる子には、あまり細かくルール決めをしない。子どもに合わせて対処する

楽しむためのルールもつくる

あそびのルールを決めるときは、「負けても出ていかないこと」「途中で怒ったりしないこと」といったみんなが楽しむためのサブルールも教えましょう。「だれかが泣いたりしたらあそびが終わっちゃうものね」とつけくわえ、あそびのルールを守るだけでなく、みんなが一緒に楽しくあそべることを目指していきます。

サポートの具体例

3 保育者が手本を見せる

保育者のまねをさせて、一緒にやる

順番を守れないときなどは、保育者が手本を見せて、子どもにもまねをさせてみましょう。順番を待つときには前の子どもとの距離を「1、2、3、4、5番目だね」と順番を数えて伝えたり、できているお友だちを見せて待ち方を教えます。絵カードを見せて示すのもいいでしょう。

One Point

おもちゃの交代もあそびのなかでよくあるトラブルです。まずは、「貸して」「どうぞ」のやりとりだけを練習をしてみましょう。子どものお気に入りでないおもちゃを使うのがポイントです。どうしても交代できないときは、順番お名前カードをつくって、時間を決めて交代します。

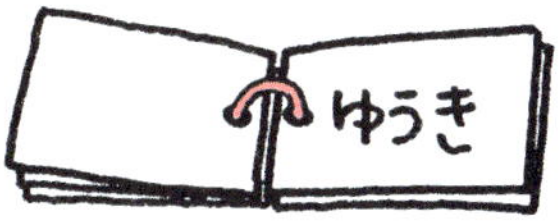

あそび

負けが受け入れられない

ルール

ゲームや競技で負けると、爆発したように乱暴になり、あたり散らしてしまう子がいます。複数人でやる競争や順番で、１番にこだわる子もいます。

どうして？

- 勝ちや1番へのこだわりが強い
- 人と競争した経験が少ない
- 負けてからかわれたことがある

楽しみ方や切り替え方を教える

ゲームや競技で負けるとかんしゃくを起こす子がいます。負けそうになるとカードを破くなどして暴れる子もいます。負けることを極端に恐れていたり、自分の要求が通らないことをひどくきらっていることが原因と考えられます。

勝負に勝ち負けはつきものであり、勝つときもあれば負けるときもあります。いろいろな楽しみ方や負けてしまったときの気持ちの切り替え方を教えましょう。ビリの子を冷やかさない、勝ったからといってほめすぎないなど、ほかの子への配慮も必要です。

サポートの具体例

1 負けたときの気持ちの切り替え方を教える

負けても次がんばればいい

「負け＝失敗」という強迫観念がある子どもがいます。保育者がわざと負けて見せ、それでも楽しそうにしたり、「負けちゃってくやしいな。よしっ、次はがんばろう！」と明るく気持ちを切り替えている姿を見せましょう。ゲームは勝負だけではない、負けても大丈夫だということを伝えることが大切です。

勝つことだけでなく、ルールを守れることも大切

ゲームやあそびでは、ルールを守ることやがんばることも大切なことです。「ルールをしっかり守れてえらかったね」「みんなでがんばってできたね。楽しかったね」と声をかけ、勝ち負けだけではないことを教えましょう。

サポートの具体例

2 暴れてしまう子は、まず落ち着かせる

子どもの気持ちを代弁する

暴れてしまう子には、まずはその子や周りの子どもの安全を確保します。そのうえで、叱るのではなく、まずは「くやしかったね」とその子の気持ちを言葉にして落ち着かせます。勝ち負けに強くこだわるようなら、勝ち負けがなく、だれもができるゲームに切り替えてみてもよいでしょう。

あそび

水あそび、粘土あそびなどに参加できない

生活動作

気になる子のなかには、水をこわがる子もいます。また、粘土のひんやり、ねっとりした感触が苦手な子や、のりや絵の具をいやがる子もいます。

どうして？

- 濡れたり汚れたりするのがいや
- どろどろ、ねっとりした感触がきらい
- 形の定まっていないものをどうしていいかわからない

苦手な子が増えている

気になる子のなかには、感覚過敏があり、水や土、粘土などの感触を極端にいやがる子どもがいます。また、土などにふれる機会が少なくなったからか、泥や土、粘土の感触や匂いが苦手な子も増えました。ほかにも、小麦粉の生地など、どろっとした感触のものをいやがる子もいます。

どんな感触なのか、言葉で伝えながら、興味を持たせ、少しずつ恐怖心を減らす手助けをしてあげましょう。

ただ、どうしてもいやという子もいます。その場合は、さわらなくても見ていてもらうなど、参加のしかたを工夫しましょう。

朝
あそび
集まり
散歩
友だち
着替え
食事
トイレ
行事
その他
降園
危険

サポートの具体例

1 楽しそうにやっているところを見せる

「安全、こわくない、楽しい!」というイメージを伝える

さわったことがないものを、極端にさける子もいます。無理をさせず、まずは保育者がさわって、楽しそうにしているところを見せましょう。安全、痛くない、こわくない、楽しい、というイメージを伝え、さらに「ドロドロしているね」「冷たいね」「気持ちいいね」など、感触を言葉で教えて興味を持たせます。指1本でもさわれたら、ほめましょう。直接さわるのがいやな子には、手袋やスコップ、ハケなどを用意します。

One Point 1回さわってしまえば大丈夫な子もいます。極端から極端に変わるのも気になる子の特徴です。大きらいから大好きになって、全身を使ってあそぶ子もいます。また、周りにはね飛ばしてしまう子には、「周りにお友だちがいるよ」「かかっちゃったみたいだね。気をつけようね」と声をかけて、周りにも注意をはらえるように教えましょう。口に入れてしまわないように気をつけましょう。

あそび

体を動かすことが苦手

生活動作

スキップ、ダンス、かけっこ、けんけんぱなど、体を動かすあそびもたくさんありますが、歩く、走るといった基本動作が苦手な子もいます。

どうして？

- 姿勢の維持や体のバランスをとることが苦手
- 人の動作を見てまねできない
- 体力がなく疲れやすい
- 手本に集中できない
- おなかがじゃまして動けないなど体型的な問題がある

日常のあそびできたえる

生活が便利になったことで、昔に比べて、子どもの体力は低下してきています。そのため、「走る」「とぶ」「投げる」といった、基本的な運動が十分にできない子どもも増えています。そういう子には、ふだんのあそびを通して、体の動かし方を学べるように支援していきましょう。

幼児期は運動機能の発達が著しく、さまざまな動きを身につけやすい時期です。あそびを通してたくさん体を動かすことで、タイミングよく動いたり、力の加減をコントロールしたりするなどの運動能力が高まります。

サポートの具体例

1 簡単な動きに分けてやってみる

教えるときは動作を分解

保育者が見本を示しながら、動作をひとつずつ分解して説明しましょう。とびばこならまず両足でジャンプする、とびのる、などに分解します。ほかにも、すべり台をよじのぼる、柔らかいマットの上でごろごろ転がるなど、自分の体の大きさや重さが自覚できる全身の運動を取り入れます。

ジャンプはドンって
地面をけつて上にあがるよ。
ジャンプ！

One Point できない運動を何度も練習するのは、子どもにとっては苦痛です。それが続くと園はいやなところと思ってしまうかもしれません。楽しく、わかりやすくする工夫が必要です。動きに言葉をつけると、わかりやすく、また覚えやすくなります。歌などでリズムをつけて、楽しく体を動かせるようにするのもよいでしょう。

サポートの具体例

2 体を動かす機会を増やす

運動サーキットあそびで楽しく体を動かす

くねくね歩く、大またで歩く、くぐる、のぼりおりするなどの動きを組み合わせたあそびで、楽しみながら体を動かせるようにします。3歳以上なら平均台を取り入れるなど、年齢によって内容を変えましょう。

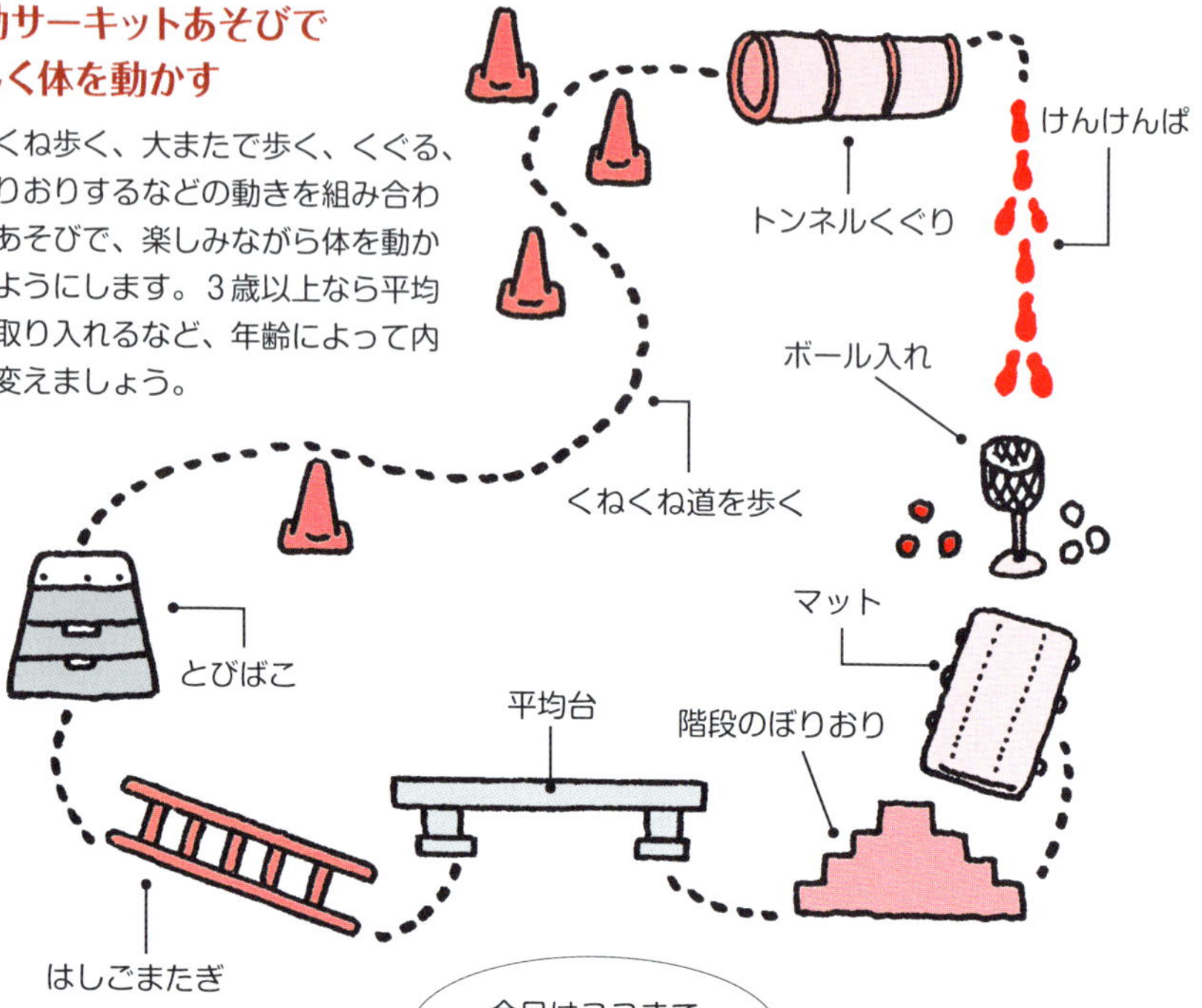

園の生活のなかで体を動かす

階段もよい運動になります。まずは、手すりを使って両足で1段をのぼり、次は手すりにつかまらずに両足で1段、手すりを使って片足で1段ずつ、それができたら、手すりにつかまらずに片足ずつと、少しずつステップアップしていきます。のぼるだけでなく、おりることも最初はこわがります。支えてあげながら、ゆっくり練習しましょう。

サポートの具体例

3 子どものペースに合わせて楽しめる環境をつくる

バランス感覚をきたえるあそびを

歩く、走る、とぶといった基本的な動作が苦手な子はバランス感覚がまだ十分でないことが多く、片足で立てないこともあります。廊下に足型やけんけんぱのマークをつけておくと、子どもが歩幅を大きく歩いたり、自然にとんだりするうちに、バランス感覚をきたえられ、次第に上手にとべるようになることもあります。日常の中であそびのひとつとしてきたえるのがよいでしょう。

タイヤやビールケースなど身近なものを使って工夫しましょう。

無意識に課題をクリアできるのが理想

進むのが遅いからといって、援助をしてばかりでは、運動の機会を奪ってしまうことになります。子どものペースに合わせて見守り、「楽しいね」「今日はここまでできたね」などと声をかけ、子どもが楽しみ、自分からやろうとする環境づくりを心がけましょう。子どもがとくに意識せず、自然とできるようになるのが理想です。

サポートのポイント

- ☑ 安全に配慮し、十分なスペースを確保する
- ☑ 周りに段差やとがったものがないか確認する
- ☑ タオルかけを少し高めに取りつけて、背のびしながらタオルをかけるようにするなど、自然に体を使える環境を整える
- ☑ 保育者が手本を示すときは、向き合うと左右が逆になってしまうので、子どもと一緒に鏡の前に立つ
- ☑ 「右手をあげてから左足をよいしょ……」というように言葉も使う
- ☑ 少しでもできたらほめる

あそび

片づけられない

ルール

まったく片づけられない子、片づけるのが苦手なため散らかすことができず整理整頓にこだわりすぎる子、集団でのお片づけができない子などがいます。

どうして？

- しまう場所やしまい方がわからない
- 片づけが必要であることがわからない
- いつ始めていつ終わらせるのかわからない
- 途中で興味がほかに移ってしまう

片づけは「切り替え」でもある

片づけは、片づけをするとスッキリする、場が清潔になるというほかに、そのスペースで別のことができるようになる、気持ちを切り替えられる、などの意味もあります。

子どもたちのなかには、片づけの意味がわからなかったり、片づける場所や、いつやればいいのかタイミングがわからない子がいます。片づけの途中で、ほかの興味があることに関心が移ってしまい、最後までできない子もいます。

片づけを通して、時間や気持ちの区切りをつける練習をしましょう。

サポートの具体例

1 かごや棚に片づけマークをつける

しまう場所が見てわかるようにする

片づけは、出したものをもとの場所に戻すのが基本です。おもちゃとそれをしまう棚やかごに同じシールをつけておき、何をどこにしまうかがひと目でわかるようにしましょう。

自分からできるように

少しずつ片づけに慣れてきたら、「お外に行く前に何をするんだっけ？」などと質問してみましょう。「お片づけ！」と答えられたら、よくほめてあげましょう。

Voice

「女の子は赤ブロック、男の子は青ブロックね。よーい、ドン！」などとゲームにして、一斉に片づけさせています。あそびの延長でできるので、途中で興味が移ってしまうことも少ないです。

集団での片づけのとき、動きの遅い子には、「このブロックをしまってね」などと役割を与えています。できたら「片づけてくれたからきれいになったね。ありがとう」と言って、その子がよろこぶ言葉をかけると同時に、何をしたのかふり返らせています。

サポートの具体例

2 事前に流れと時間を示しておく

時間の区切りを教える

熱中している最中に、「さあ片づけましょう」と言っても、なかなか終われないものです。先に時計を見せて「針がここに来たら終わりだよ」と目安を教え、さらに、終わる10分前に声をかけて、子どもに思い出させましょう。

時計の長い針が
12になったら片づけてね。
次はお昼ごはんだよ

次に何をするか知らせる

次に何をするのか、何が起こるかが見通せずに、今の活動を終えることができない子もいます。お集まりなのか、お昼ごはんなのか、片づけのあとの予定を教えてあげましょう。

One Point

物事には必ず終わりがあることを理解するのがむずかしい子もいます。そういう子には、砂時計を使うと「終わり」が目に見えやすく、切り替えやすくなります。また、人の声よりも機械音に反応する子には、タイマーを使うこともできます。慣れてきたら、保育者が「ピポパ、片づけのチャンネルに切り替えね」などと、機械をまねた声がけをしてもいいでしょう。

サポートの具体例

3 片づけられない気持ちや片づけたくない気持ちを考える

続きができるように製作物をとっておく

絵や工作がつくりかけだと、最後までやりたい、終わりたくないという気持ちになるものです。つくりかけの作品をきちんとしまい、「続きはあとでやろうね」と安心させてあげると、片づけに移れることもあります。

先生の片づけのお手伝い

子どもたちは先生のお手伝いも大好きです。「先生、こんなにたくさん片づけできるかな？」と言って、困った顔をしてみましょう。子どもたちに、片づけしようという気持ちがわいてきます。片づけを手伝ってくれたら、「ありがとう。先生とっても助かったよ」と伝えましょう。

「片づけ上手は誰かな？」と声をかけています。それまで夢中であそんでいた子も、ほめられたくて片づけを一生懸命やってくれます。もちろん終わったらたくさんほめてあげます。

あそび

次の行動に移れない

ルール

園庭、音楽室、お遊《ゆう》戯《ぎ》室など、園ではさまざまな場所で活動します。スケジュールにしたがえず、どうしても遅れてしまう子がいます。

どうして？

- 指示がわからず反応できない
- どうすればいいかわからない
- 自分の世界に入ってしまって抜け出せない
- 予定変更や場所の移動がいや
- 新しいことに対応するのが苦手

タイミングを見ながら切り替え

登園から降園まで、園のなかでは、あそび、お散歩、お集まり、お昼ごはん、お昼寝などさまざまな場面があり、場面ごとに切り替えが必要です。とくにあそびなどの「動」から、お集まりなどの「静」に切り替えるのはむずかしいものです。

気になる子のなかには、タイミングやペースにこだわり、場面の「切り替え」が苦手な子も多く、伝え方ややり方に工夫が必要です。無理に切り替えさせると、反発したりして、かえってできなくなることもあります。その子のペースに合わせながら、上手に誘導することが大切です。

サポートの具体例

1 切り替えのタイミングを言葉と動作で伝える

わかりやすい言葉で

次の行動に移るときは、切り替えの準備が必要です。切り替えがうまくできない子には、「頭のチャンネルを切り替えて。ピポパ」などとわかりやすい表現で誘導しましょう。頭に手を当てる動作をさせて、動きもつけてあげるとより切り替えやすくなります。

自分でタイミングを決めさせる

途中で切り上げられないときは、「どこまでやったら終わりにする？」と聞いて、自分でタイミングを決めさせましょう。決められた終わりには従えなくても、自分で決めたことは守る子は多いものです。約束を守れたらほめてあげましょう。時間がせまっている場合は、「次はお着替えだからあと５回でやめようね」と、早めに声をかけてあげましょう。

サポートの具体例

2 子どものあそびの世界やペースに合わせて誘導する

子どもの世界に入りこむ

今やっていることに夢中で次のことに切り替えができない子には、保育者もその子のあそびの世界に入って、次の場所に誘導します。

数を数えて終わりをわかりやすく

次の活動を前もって伝えておいても、なかなか切り替えられないときは、「あと10数えたら終わりね」「1、2、3…… 9、10！　はい、おしまい」と言って、切り替えを促《うなが》します。どこで終わって、次の活動に移るのかをわかりやすくして、切り替えやすくしましょう。

鳥になってあそんでいる子に、「お集まりの時間だから保育室に行こう」と言ってうでをつかんだら、「やめて！　羽がこわれちゃうじゃない！」と泣かれてしまいました。「羽はなおしたよ。じゃあ、一緒にとんで保育室に戻ろうか」と言うと、納得して鳥になって無事に保育室に戻れました。

サポートの具体例

3 予定変更があるときは理由もきちんと伝える

予定変更の理由をきちんと説明する

決められたスケジュール通りでないと不安になったり、パニックになってしまう子がいます。連休や行事のあとなど、いつもと違う場合には、なぜいつもと違うのか、きちんと理由を説明します。納得できれば、不安もおさまり、切り替えができるようになります。

このあいだの月曜日は
お休みだったでしょ。
だから今日は園に来るのは
2日目だけど、
本当は3日目なんだよ

サポートのポイント

- ☑ お弁当の日は赤いシールをカレンダーにつけるなど、予定が目で見てわかるように
- ☑ パニックになってしまったら抱きしめるなどして落ち着かせる
- ☑ 落ち着いたら、どうして予定が変わったのか、理由をきちんと伝える

保護者とも連携して、伝えてもらう

月曜が祝日だったり、台風などで突然お休みがあったりして、予定変更が事前にわかっている場合には、保護者に予定を事前に伝えておき、保護者からも園に来る前に子どもに伝えておいてもらうようにしましょう。

集まり

活動に集中できない

生活動作

出欠カードにスタンプを押す、お着替えをするなど、園には毎日の活動がありますが、なかには、じっと座っていられず、こうした活動が苦手な子もいます。

どうして？

- 途中でやるべきことを忘れてしまう
- 興味のあるほかの刺激にすぐ反応してしまう
- 活動のやり方がわからない
- 時間をかけて取り組むのが苦手
- 集中できる活動に偏《かたよ》りがある

集中できる環境づくりを

毎日のお集まりの活動には、実は、生活習慣を身につけるという、生きていくうえで重要な要素が含まれています。お集まりの時間になったら、名前を呼んで出欠をとる、みんなで歌を歌うなど、一日のリズムが身につけられるよう、園でも工夫していることでしょう。

お集まりのときに集中できずに、ほかのことをしてしまうのは、歌が覚えられなくて苦手、興味が持てずにあきてしまう、おもちゃなどが散らばっていて落ち着かないなど、いろいろな理由が考えられます。落ち着いた環境づくりも大切な要素です。

サポートの具体例

1 集中できない理由を見つける

できることから参加

ザワザワした雰囲気が苦手、朝の歌が覚えられなくてつまらないなど、集中できないのにはその子なりの理由があるもの。とくに言葉の遅い子は、歌が苦手なことが多いようです。そういうときは、間奏のところで手を叩くなど、一部参加するだけでもよいので、できることを見つけてあげます。

サポートのポイント

- ☑ よけいな刺激を与えないよう、カーテンでさえぎるなど落ち着いた環境をつくる
- ☑ 着替えの場所には服とハンガーしか置かないなど、園全体で整理整頓を心がける
- ☑ 集中できない理由を知り、それに合わせた対処をする

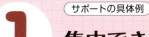

サポートの具体例

2 ワーキングメモリをきたえる

この場所をよーく覚えてね。
1回目の合図で動きまわっていいよ。
2回目の合図があったら
いまいる場所に戻って来てね
ドン
わー
ドン

あそびのなかで覚える練習

集中して取り組むためには、いま自分が何をしているか、これから何をしなければいけないかがわかっていなければなりません。途中で投げ出してしまう子のなかには、やっていることを頭に入れてから実践していく「ワーキングメモリ」をうまく使えない子がいます。あそびを通してワーキングメモリをきたえてあげましょう。

One Point

「ちゃんとして」「終わりまでやって」などとくり返し同じ注意をするのは好ましくありません。やろうとしてもできない子の場合、「先生はわかってくれていない」と感じ、信頼関係が崩れてしまうからです。その子の興味のある話題や好きなおもちゃなどを仲介して、声がけのパターンも変えていきましょう。

サポートの具体例

3 興味が持てるよう、活動にメリハリをつける

お友だちにサポートしてもらう

年中さんくらいから、好きなお友だちができることがあります。たとえば、出欠カードのスタンプ押しや、お名前呼びは、たまには保育者ではなくそのお友だちにやってもらうなどして、活動にメリハリをつけていきます。

サポートのポイント

- ☑ 内容は変えずに、その子の興味があるものを加えて少しだけアレンジする
- ☑ その子が興味を持ったら、そのアレンジをしばらく続ける
- ☑ その活動のなかで役割を持たせたり、お友だちとやってみたりして、メリハリをつける

Voice

写真や絵が好きな子には、クリアホルダーにクラスのお友だちの写真を入れておき、お名前呼びのときに名前と一緒に写真も見せています。歌の時間には、歌詞に出てくるものの絵を入れておいて、次々にめくって興味を引くようにしています。

集まり

立ち歩いてしまう

ルール

お集まりや食事のとき、途中で立ち歩いてしまう子がいます。集中力がない場合もあれば、何らかの理由でがまんできないということもあります。

どうして？

- じっとしていられない
- 活動に興味が持てず興味があるほうに行ってしまう
- じっとしていなければいけないことがわからない
- いつ立ち歩いてよくて、いつがダメかがわからない
- 気分が高まってしまって動きが止まらない

まずは環境を整えることから

お集まりの時間は、みんなで座ってお話を聞いたり、何かをつくったりすることも多いでしょう。気になる子のなかには、落ち着きのない子も多く、同じところに座っていられず立ち歩いてしまったり、外の声や音に反応してそちらに行ってしまったりする子がいます。また、その時間が座っていなければいけない時間であることがわからない子もいます。

その子がどうして立ち歩いてしまうのかを考えながら、支援する必要があります。じっとする、ということを実際に体験させることもときには必要です。

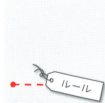

サポートの具体例

1 集中できる環境をつくる

刺激を減らして、集中できる環境を

かべのかざりや外であそんでいる子どもの声、救急車のサイレンなど……子どもを誘惑する刺激はたくさんあります。できるだけ、そういった刺激を減らし、自然に子どもが集中できる環境を整えてあげます。

窓はカーテンをしめて、外の景色が見えないようにしましょう。
外の音が聞こえたり、風でカーテンがゆれないように、窓は閉めておくのがよいでしょう。
保育者は白いかべなどを背にして立ち、外やかべかざりなど興味を引くものが子どもの目に入らないようにします。

子どもの興味を引く工夫を

子どもの集中力が切れないように、お話を短くしたり、話し方にメリハリをつけるといった工夫も大切です。読み聞かせなら、子どもが好きなジャンルの本を選ぶのもいいでしょう。

One Point 子どもは音や動くものに反応するものです。読み聞かせなら、話の途中で鈴を鳴らす、仕掛けのあるとび出す絵本にする、人形劇を行うなど、動きのある演出をしてみましょう。また、外から虫が入ってきたら、一度お話を止めて「虫さんが入ってきたね」と、子どもたちが興味を引きそうなものを先回りして伝え、そのあとでお話に戻るのもいいでしょう。

サポートの具体例

2 絵やお友だちを手本にする

できている子をほめて教える

保育者が実際にやって手本を見せるのもいいですが、できている子に「上手ね」と声をかけるのもいいでしょう。注意してばかりでは子どもがつまらなくなってしまうので、ほめられたいという気持ちを伸ばしましょう。

見本や絵で教える

「お話を聞く」ことと「座って静かに聞く」ことが結びつかない子がいます。「お話を聞いてね」と声をかけても、先生の声が「聞こえている」から、室内を歩き回ってもいいと思っているかもしれません。どんなふうに聞けばいいのか、見本を見せたり、絵カードで教えましょう。

いつまで座ればいいか説明

誰でも長時間じっとしているのはつらいもの。静と動の時間をうまく組み合わせて、一日のスケジュールを立てます。すぐに飽きしまう子には、「ここまでやったら、外であそぼうね」など、目安を伝えましょう。いつまでじっとしていればいいかがわかると、がまんできることもあります。

3 サポートの具体例 止まっている状態を感じさせる

意図せずに動いてしまう子も

気分が高まって、体が自然と動いてしまう子もいます。子ども自身が意図しているわけではなく、本人は止まりたくても、止まれないこともあります。そのような場合は、保育者がだっこするなどして、止まった状態を感じさせてあげましょう。

止まっているときにほめて気づかせる

動きの多い子でも必ず止まっているときがあるはずです。動きを止めて座れているときにすかさず「ちゃんと座っていてかっこいいね！」などとほめてあげましょう。座っていることを子ども自身も意識できますし、ほめられたこともうれしくて、少しずつできるようになります。

Voice

どうしても立ち歩いてしまう子は、自分の近くの、すぐに手がとどくところにいてもらいます。そわそわし始めたらアイコンタクトをとったり、さりげなく手を出したり、座れているときは「今日はちゃんと座っていてえらいね」と声をかけたりしています。

好きなタオルをぎゅっと握りしめていると座っていられることもあります。その子にとってはそれがいま必要なものなので、無理に取ることはしないようにしています。

集まり

保育室や園から出て行ってしまう

どうして？

- 感覚過敏がある
- 外からの興味ある刺激に反応してしまう
- 今やっている活動がいや
- 活動の指示内容がわからない
- 集団活動に不安がある

ルール

衝動性の強い子のなかには、何かあると、とび出して行ってしまう子がいます。その子が何をしたいのかを分析し、その子に合った支援が必要です。

原因を分析し、参加のしかたを考える

保育室を突然とび出して外に行ってしまったり、場合によっては園からとび出してしまう子がいます。これらの衝動的に見える行為にも、実は理由があります。「今やっている活動がいや」「保育室あるいは園にいやなものがあってがまんできない」「じっとしているのがつらい」などです。

子どもは自分の「つらい」「がまんできない」という気持ちを、これらの行為を通じて保育者に伝えようとしているのかもしれません。子どもの状況から原因を分析し、無理なくその場にいられるように、参加のしかたを考えてあげることも必要です。

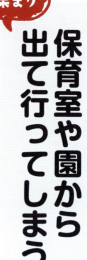

サポートの具体例

1 保育者の近くに座ってもらう

指定席をつくってあげる

お集まりをいやがったり、保育室の外に出て行ったりしてしまう子は、保育者の近くに指定席をつくってあげましょう。近くだとアイコンタクトもとりやすく、またとび出そうとしてもすぐに止めることができます。子どももそこが自分の席だとわかると、安心して保育室にいられるようになることがあります。

Voice

「お集まりに行こう」と言うと、「先生なんて大っきらいだー」と泣く子がいました。めげずに「先生は大好きだよ」「先生がさみしいからお顔が見えるところに座ってね」と言い続けていたら、あるとき、「先生なんて大……好きだー」と言ってくれました。うれしかったですね。

いつも同じ子が保育者のそばだと、ほかの子が気にしたり、本人が気にすることもあるので気をつけています。なるべくいろんな子とコミュニケーションをとるようにしています。

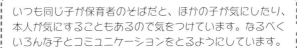

サポートの具体例

2 刺激の少ない環境を自分で選ばせる

大丈夫なところにいてね。
どうしてもいやだったら
先生に教えてね

参加のしかたを工夫する

感覚過敏があり、音や匂いなどに敏感な子どもには、活動の内容によってはその場所にいたり、その活動をすることが苦痛になってしまうことがあります。その子にとっていやな刺激が少ない、「自分がいても大丈夫なところ」「がまんできるところ」を決めてもらい、そこにいてもらいましょう。実際に活動をしなくても、みんながやっているところを見るなど、参加のしかたも工夫します。

どうしてもダメなときもある

離れた場所にいたり、見ているだけでもつらい、どうしてもいや、ということもあるでしょう。事前に「どうしてもがまんできなかったら教えてね」と伝えておき、ひとりで出ていくのではなく、保育者に伝えてもらうようにします。話すのが苦手な子には、状況をあらわす絵カードを渡しておき、それで示してもらうのもよいでしょう。

One Point おなかがすいていたり、寝不足だったりといった体の状態や、今日園でいやなことがあった、心配ごとがあるなどの心の状態によって、同じ活動でも、「今日は大丈夫」、「今日はどうしてもダメ」、ということがあります。朝の登園時や自由あそびの時間によく観察し、その日の状態を把握するようにします。保護者に登園前の様子を聞いておくのもよいでしょう。

サポートの具体例

3 少しずつ参加できるようにする

好きな活動を取り入れる

お集まりのなかでも、その子が保育室にいられる活動と出て行ってしまう活動が何かを観察して、保育室にいられる活動を少し増やしてみるとよいでしょう。出て行ってしまう活動のときは、活動のサポートになるほかの役割を持たせてあげます。

少しずつ出て行く回数を減らす

落ち着くために外に行くことが必要な子どももいるので、外に行きたがる子に「ダメ」と言うことはできません。まずは見守り、気が済んだかな、というところでお集まりに誘ってみましょう。そして徐々に外に出ていく回数を減らせるようにします。

サポートのポイント

- ☑ 門に施錠するなど、安全を確保する
- ☑ 興味があることをお集まりに取り入れる
- ☑ 出ていく前に手をあげるなど、その子とのルールをつくる
- ☑ 出て行く回数を少しずつ減らす
- ☑ ほかの子にもしっかり説明する

ほかの子には

ほかの子に聞かれたら、「○○くんは、お話を聞く準備をしにいったんだよ。みんなは絵本を見ながら待っていようね」などと、きちんと説明し、待つ間にすることも指示しましょう。周りの保育者と協力し、その子だけを優先しているようにならないようにします。

Voice

保育室をとび出してブランコにのり、ひとしきりすると、保育室に戻ってくる子がいました。もういいかな、というところで、「保育室に行こうか」と声をかけるようにしていたのですが、あるとき、タイミングが早かったようで、ひざをガブッとかまれました。それをきっかけに「ごめんね」が言えるようになったのでよかったのですが、あれは痛かった～。

集まり

おしゃべりがやめられない

どうして？

- 話をしてはいけない時間であることがわからない
- 場面の切り替えができない
- 周りが静かにしていることがわからない
- 話の内容がわからず不安で質問してしまう
- 自分の世界に入ってしまい、状況がつかめない

ルール

一方的に話してしまう子、静かにしなければいけない場面がわからない子、同じ質問をくり返す子など、いろいろなケースがあります。

いけないことがわからない

大切な情報を取り込んだり、興味の持てる世界を広げていったりするうえで、人の話を聞くことは大切なスキルです。

気になる子のなかには、自分のことだけを話して人の話は聞けない子、順番に話すなどの暗黙のルールがわからない子、保育者の話を黙って聞けない子などが多くいます。話を聞く理由がわからないから、不安でしゃべり続けてしまうという背景もあるようです。相手の表情を読み取りながら、「いまはだまっているとき」「質問していいとき」「おしゃべりしていいとき」などのタイミングがわかるようにしていきましょう。

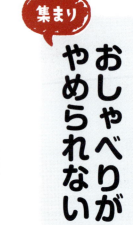

サポートの具体例

1 わかりやすい言葉や動作を交えて伝える

動作を交えてわかりやすい指示を

先生やほかの人が話しているときに、おしゃべりをしてはいけないことがわかっていない子がいます。言葉で、いまがおしゃべりをしてはいけない時間であることを伝えるとともに、それだけではわからない子もいるので、動作もつけて指示します。子どもにも動作をまねてもらうと、より伝わりやすくなります。

わかりやすい言葉で

おしゃべりを続けてしまう子は、場面の切り替えがうまくできないのかもしれません。「まずは先生がお話するから聞いてね」「頭のチャンネルを切り替えて。ピポパだよ」など、わかりやすい言葉やたとえを使います。

絵でモデルを示す

人の話が聞けるかどうかは姿勢にも関係があります。頭と腰が背骨を通して連動していないと、人の話を聞きづらくなるのです。自分の声なら頭蓋に響くのでどんな姿勢でも聞こえますが、人の声を聞きやすくするには頭を上げて相手を見なければなりません。お手本となる絵を見せて、「できているかな？」と促《うなが》してみましょう。絵を覚えられたら、絵を見せることが「おしゃべりはやめて」の合図にもなるでしょう。

サポートの具体例

2 気を引きたい気持ちや不安を解消する

先生の気を引きたいときには

先生の気を引きたくてわざとおしゃべりをしてしまう子もいます。注意をするとよけいにおしゃべりをしてしまうので、注意はせずに、きちんとお話を聞いている子をほめてみましょう。また、その子がおしゃべりをしていないときや、よいことをしている場面で、しっかりとほめ、よい方法で先生の注目を得られることを教えます。

自信を持たせる

保育者の指示に対して、「わたしもやるの？」「こう？」「どのくらい？」などとたくさん質問する子は、不安で質問しているのかもしれません。質問には一つひとつ答えて、不安をなくしてあげましょう。また、保育者にほめてもらいたくて質問している子もいるでしょう。不安を減らし、自信を持てるようなひと言で支援します。

Voice

しゃべり続けている子には、手を握って落ち着かせてあげたりもします。年中さんなら保育者の近くに座らせて、目で「静かにね」「もうちょっと待っててね」と知らせます。

サポートの具体例

3 時間の目安やヒントを与える

先の見通しを立てる

おしゃべりが好きな子のなかには、言葉が豊富で、興味のあることについてよく知っている物知りな子もいます。自分のお話を聞いてほしいという気持ちが強いので、「おゆうぎの時間が終わってからね」などと、別の時間にお話を聞くことを伝え、それまではがまんする、というように教えます。

サポートの具体例

4 周りの子に注意を向けさせる

ほかの子の話も聞けるようにする

一方的にお話している子は、周りの子のことがよく見えていないのかもしれません。保育者はその子の話の切れ目で「○○ちゃんはどうだった？」と聞き、ほかの子に話をつなげて、自然と周りの子の話も聞くことができるように導いてあげましょう。みんなもおしゃべりしたいことがあるのだと気づいてもらえるとよいでしょう。

集まり

保育者の指示に従えない

ルール

着替え、移動、お集まりなど、園では保育者の指示に従って動く場面が多くあります。指示に従えないと、場合によっては危険なこともあります。

どうして？

- 指示の意味がわからない
- 指示に注意を向けていられない
- 自分が指示されていることに気づかない

それぞれの理由に合わせて対応する

気になる子のなかには、指示が理解できない子や、集中力がなくよそ見をして聞いていない子、理解していても忘れてしまう子や、自分に向けられた指示だということがわからない子がいます。

また、周りの状況を理解したり、周りに関心を持つことがむずかしい子もいるので、そういう子には集団の一員であることを教える必要があります。

子どもの目線に合わせて、個別に教えたり、わかりやすい言葉や絵カードを使って伝えるなど、工夫して支援することが大切です。

サポートの具体例

1 注目させてから ひとつずつ指示を伝える

先生を見てね

注目させて、細かく指示する

子どもがきちんと保育者の指示に注目できているか確認します。注目できていたら「ちゃんとお話を聞いているね。えらいね」とほめます。注目できていなかったら、「大事なお話をするよ。先生を見ていてね」と伝えます。指示は一つひとつを分けて説明します。あまり細かくなるとむずかしくなるので３つを目安に考えましょう。

サポートの具体例

2 指示を確認する

指示がわかっているか確認する

「ちゃんとわかったかな？」と言って、指示内容を確認するのもよいでしょう。指示をしたすぐあとに確認してもいいですし、活動の途中で確認してもいいでしょう。

クマで、マフラーをしていて、水玉の服を着ているのはどれ？
えーと…

あそびのなかで練習

あそびのなかで指示を聞いて覚える練習をします。お買いものごっこのときに品物を３つたのんで、買いに行ってもらったり、いくつかの絵を見せて、「３つヒントを言うよ。最後まで聞いてどれかあててね」と言って、カードを選んでもらったりします。

集まり

絵や製作が苦手

生活動作

不器用だったり落ち着きがなかったりして製作ができない子には、個別の支援をこころみましょう。絵の具や粘土の感触がきらいという子もいます。

どうして？

- 不器用で道具が使えない
- 手順を忘れてしまう、わからない
- 集中力が続かない、あきてしまう
- 周りが気になり中断してしまう
- 外からの刺激に反応してしまう
- 絵の具や粘土などの感触がきらい

できない理由を探ってあげよう

気になる子のなかには、手先が不器用でうまく道具が使えなかったり、使い方がわからなかったりして、製作が苦手な子もいます。理解が遅いために、手順がわからなかったり、覚えられなかったり、集中力が続かずにすぐあきてしまったりして、製作が進まない子もいます。感覚過敏があるために、絵の具やのり、粘土など、素材の感触が苦手でさわれない子もいるでしょう。

ゆっくりでもいいので、道具や素材にふれさせながら、できないところは保育者が手伝うなどして、製作の機会を与え、楽しさを教えましょう。

サポートの具体例 1 手順を分解してやるべきことを一つひとつ示す

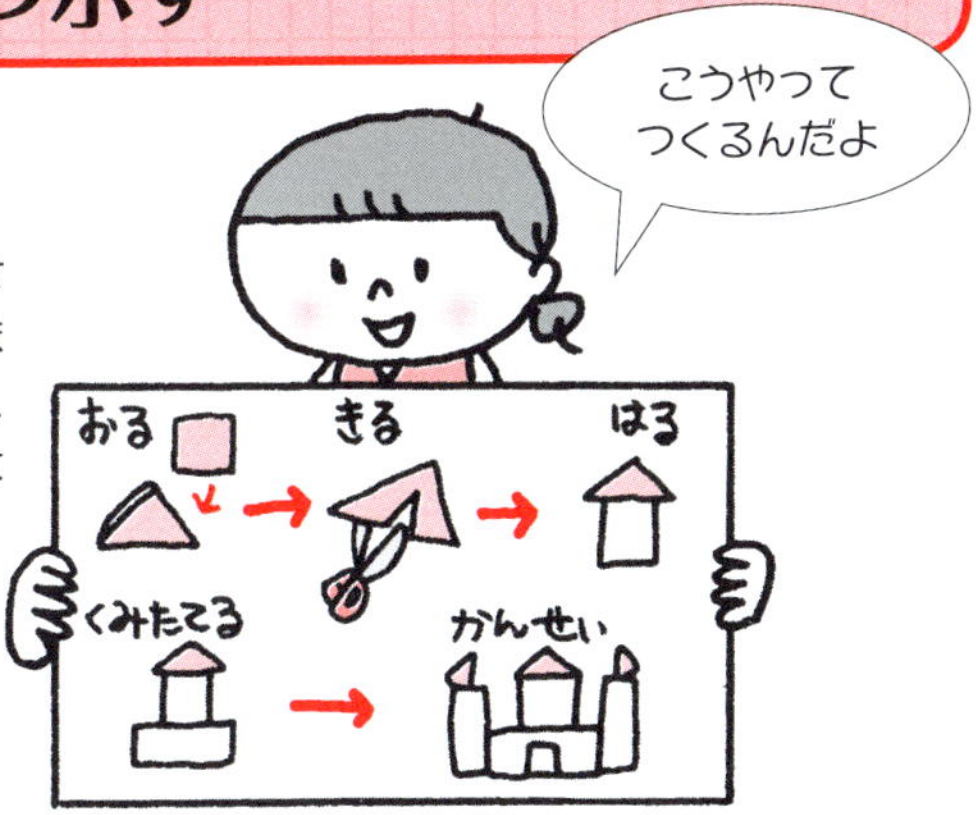
こうやって
つくるんだよ
おる
きる
はる
くみたてる
かんせい

途中経過を見せる

製作の手順を絵にかいたり、実物を見せたりして、途中経過を示します。完成までにどういう過程をふむかがわかると、具体的なやり方が見えて、がんばることもできます。

あといっこだけ
やろうか
もうあきたー！
おしまいー！

「もういっこだけ」で続けさせる

子どもが「やめる」と言っても、すぐにやめさせるのではなく、「じゃあ、あといっこだけやろう」「ここまでやろう」と言って、もう少しだけ続けさせてみましょう。完成させることができなくても、小さい目標ができると、がんばれる子も多いものです。

Voice

紙ずもうや小物入れなどをつくって、「あとでこれを使ってあそぼうね」というと、あとで楽しいことが待っている、という気持ちになれて、意欲的にとりかかってくれることが多いです。

ただ「色を塗って」と言うだけでは始められない子でも、たとえば肌色なら「お母さんのファンデーションをごしごしして」と言うと、できることがあります。言い方も工夫するようにしています。

サポートの具体例

2 個別に支援する

できないところだけ手伝う

道具の使い方がわからなかったり、手順が覚えられずにとりかかれない子には、そばに座って個別に教えます。手助けするときは、子どもが自分でやった気持ちになれるよう後ろから手を添えましょう。

次にやることを質問する

周りや外を気にしてなかなか製作が進まない子には、「どこまでできた？」「次は何をするんだっけ？」と声をかけ、いまやっていることや次にやることを確認して、製作に興味を戻してあげます。手順が覚えられない子にも、質問をしていくと思い出したり、覚えやすくなったりします。

One Point

「にぎる」「つかむ」「つまむ」といった基本的な動作がまだうまくできないため、道具が使えない子もいます。おはじきやチェーンリングなど手先を使えるようなおもちゃを用意し、日頃からトレーニングをしましょう。

サポートの具体例

3 のりや絵の具の適量を教える

ちょっとだけなら大丈夫

絵の具やのり、粘土など、素材の感触が気持ち悪くて触れない、という子もいます。たくさんは無理でも、ちょっとだけなら大丈夫、という子もいるので、適量を見せてあげます。また、おしぼりを用意して、すぐにふきとれるようにします。それでもいやがるようであれば、みんながつくっているところを見ていてもらいましょう。

サポートのポイント

- ☑ 無理強いはせず、できる範囲で参加できるようにする
- ☑ 直接さわらなくても済むように、ハケやヘラ、スティックタイプののりなどを用意する
- ☑ まず保育者がやり方や適量を見せる
- ☑ 服や体についてしまったらすぐにふき取ったり、洗ったりできるように、おしぼりや水をはったおけなどを用意する

Voice

絵の具を使って手形をとる製作をしたときに、絵の具がこわくてずっと泣いていた子がいました。ところがふとした拍子に、お友だちの絵の具がスモックについてしまい、そのあとはふっきれたのか手をべちゃべちゃにして絵の具であそんでいました。絵の具にふれる前に、痛いかもしれないなどと、頭で考えすぎていたんでしょうね。

集まり

意思表示ができない

生活動作

言葉が少なく、何かをしたい、したくないといった意思表示ができない子がいます。問いかけのしかたを工夫してあげましょう。

どうして?

- 言葉で意思を伝えられない
- 自分の気持ちを言い出せない

言葉の発達は人それぞれ

意思表示ができない子は、言葉の遅れが背景にあることがあります。単語だけ知っていても、「ブランコに乗りたい」など文の形で話せない子もいます。保育者が「ブランコしたいのかな」などと気持ちをくみとってあげることも大切です。

どうしても言葉が出ない場合には、「はい」か「いいえ」で答えられる質問から始めます。あるいは、言葉以外の合図などを使うのもいいでしょう。手をタッチして「わかった」、おでことおでこを合わせて「ごめんなさい」など、その子の発達に合わせて決めましょう。

サポートの具体例

1 選択肢をつくって選んでもらう

選択肢を与える

「何をしたい？」「何が好き？」といった問いかけは、子どもにはとても抽象的です。また、「したくない」といった否定表現ができない子もいます。発達がゆっくりな子には、選択肢を与えながら「どっちかな？」と聞いていきましょう。

あそびの絵カードを見せて、「どれであそぶ？」と聞くのもよいでしょう。

One Point 無口な子に対して、「どうせ答えが返ってこないから」と無言で何かをさせるようなことはしないようにしましょう。言葉は「聞いて」、「理解する」ことから発達します。答えが返ってこなくても話しかけましょう。話しかけることで、理解に結びつき、理解できたことに答えてくれる日が来るからです。

集まり

姿勢が保てない

生活動作

体の発達や成長が遅くて、よい姿勢を保てない子がいます。正しい姿勢を教えるとともに、いすのサイズを調整してあげましょう。

どうして?

- よじのぼるなど、手足を同時に使う機会が減った
- ケガを恐れて運動をする機会がなかった
- いすや机のサイズが合っていない
- 姿勢を保つのに必要な平衡感覚がない

体の発達や環境が原因になる

いすに座ってしばらくするとおしりがずり落ちてしまったり、床での体育座りができなかったりする子がいます。

多くの場合、足腰の筋肉がまだ十分に発達していないために正しい姿勢が保持できないことのほか、いすが高すぎて足がぶらぶらして、力が入れられないといった環境のせいであることもあります。

きちんと座れると、話を聞ける、足腰がきたえられる、消化がよくなるなどの利点があります。あそびやお集まりの活動など園の生活を通して、体の発達も支援してあげることが大切です。

サポートの具体例

1 体に合ったいすで正しい姿勢をとれるようにする

手近にあるもので工夫

いすが大きくて姿勢を保持できず、おしりがずり落ちてしまう子には、なるべく体の大きさに合った小さいいすを使います。小さいいすがないときは、すべり止めシートを敷いておしりがすべらないようにします。床に足がつかなくてぶらぶらしてしまう子には足置き台を用意しましょう。

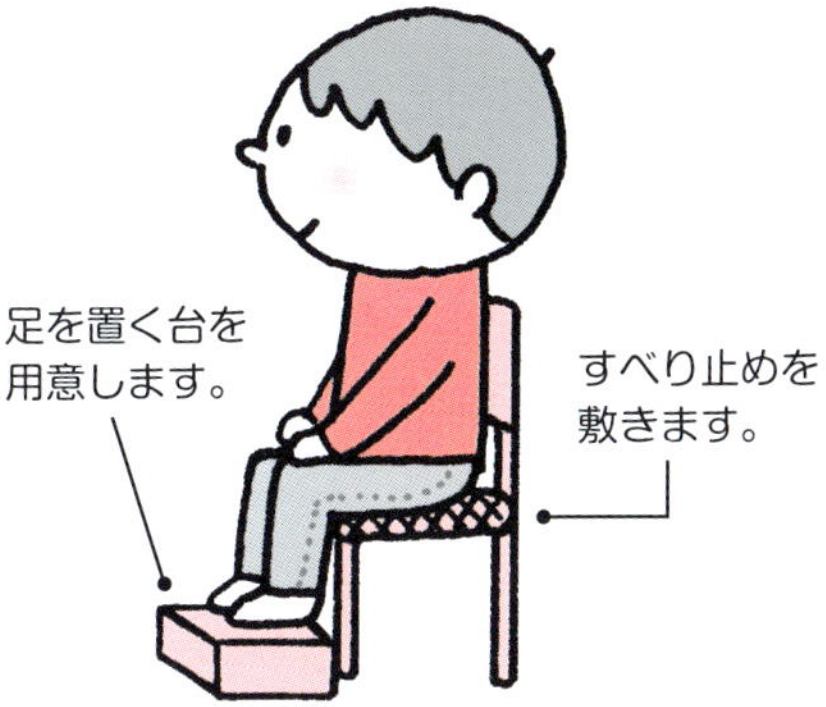
足を置く台を用意します。
すべり止めを敷きます。

サポートの具体例

2 体の発達を助ける

ワニさんにへんしーん！
しっぽは使っちゃいけないよ
ワニさんになって、ほふく前進の動きをしたり、ウサギさんやカエルさんになって、ピョンピョンとんだりします。

腕や足の筋肉も大切

きちんと正しい姿勢で座るには、平衡感覚と筋肉が必要です。平衡感覚を育てる竹馬あそびやバランスボールなどのぐらぐらするあそびや、腕の筋肉を育てる、ほふく前進やハイハイの動き、足の筋肉を育てるウサギとびの動きをあそびに取り入れます。

集まり

新しいことに対応できない

生活動作

新しい場所に行く、初めてのあそびをする、初めてのものにふれるといったことに、強い恐怖や不安を感じて、いやがる子がいます。

どうして？

- 自分で決めたルールにこだわる
- 新しい場所やものが不安
- ひとつ変わるとすべてが変わったように感じる

知らないから不安になる

　子どもは子どもなりに、いろいろとルールを決めたり、先のことを予測したりしながら毎日を送っています。とくに、気になる子のなかには、小さなことにもこだわりを示す子がいて、たとえば、部屋から部屋へ移動するときの動線など細かいことにこだわりがあることもあります。

　そのようなこだわりの強い子のなかには、それらのルールが変わることや、まだ行ったことのない場所、初めて見るもの、初めてさわるものに、強い抵抗を示す子がいます。こだわりは認めながら、細かく説明するなど、柔軟に支援しましょう。

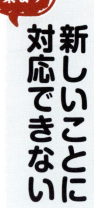

サポートの具体例

1 早めに予告する

写真やビデオをあらかじめ見せる

前もってこころの準備ができるよう、行事などの前には、行くところの写真やビデオなどを見せておきましょう。また、時間の変更があった場合も、どう変わったかがひと目でわかるよう、絵にして知らせておきます。先の見通しが立つと、安心して取り組めることがあります。

来週は動物園に
行きますよ

動物園なら、「みんなはどの動物が好きかな」など、先が楽しみになれるひと言を添えましょう。

サポートの具体例

2 不安にさせない工夫をする

いつもと同じ
時間だよ

おもちゃの時計は、自由に時間を変えられるので、便利です。

突然の変更には

気になる子のなかにはスケジュールの変更で、パニックになってしまう子もいます。おもちゃの時計などで、うそでも、「いつもと同じだよ」と言ってあげるだけで安心することもあります。

散歩

列から離れてしまう

どうして？

- みんなで並んで歩く必要性がわかっていない
- ほかの人が目に入っていない
- いつもと違う環境が苦手
- あちこちに興味が移ってしまう

ルール

園では、外でお散歩する機会もありますが、集中力がないとみんなと一緒に歩くのは大変です。また園の外へ出るので、安全面にも細心の注意が必要です。

子どもの視野は狭い

年齢の低い子どもにとっては、周りの人を意識することがむずかしく、みんなで一緒に並んで歩くことがなかなかできません。

なかには、アリなど小さなものに関心がいってしまう、集団の騒々しさが苦手などの理由で、列からふらふらと離れていってしまう子もいます。みんなと一緒に歩くことを強制し、「離れてはダメ」と怒るとストレスになってしまうので、楽しくお散歩ができるように対処していきます。

また、お散歩の時間や遠足などの行事では、園の外に行くので、安全には細心の注意を払いましょう。

サポートの具体例

1 集団での歩き方を教える

みんなと歩くときのルールを教える

周りにいるほかの人を意識したり、気を配るのがむずかしい子にとって、列をつくって歩くのは、とても大変です。まずは先生がやって、見本を見せてあげましょう。「並んで歩こうね」と言葉で言うだけではわからないことがあります。みんなでお散歩をするときの歩き方を示した絵カードを使うのもよいでしょう。

電車ごっこをしたり手をつないで歩いたりする

何もないところで並んで歩くのは大変です。慣れるまでは電車ごっこをしたりロープなどを持って歩くと、あそびの感覚で、並んで歩くことができます。慣れてきたら、ロープを外して、手をつないで歩くようにします。不安な子は、初めは保育者が手をつないで歩くようにしましょう。

サポートのポイント

- ☑ 園内で手をつないで歩くなど、外出前に予行練習する
- ☑ 外に出たら、信号の前で「止まるよ!」と大声をあげるなど、保育者が注意を促《うなが》す
- ☑ 危なくないところで、みんなで立ち止まるなど、休憩の時間をつくる

サポートの具体例

2 子どもが興味がありそうなところで声をかける

あそこにお花がさいているね。行ってみようか。きれいだね

保育者が先に「よそ見」してあげる

花や虫などに興味を引かれて立ち止まったり、近づいて行ったりする子がいます。感性が豊かに育っているのはよいことですが、お散歩中では危険もあります。その子の興味を引きそうなものがあったら、先に保育者が声をかけて、みんなで一緒に止まりましょう。十分に見て気が済んだところで、またお散歩を再開します。

サポートのポイント

- ☑ 気になる子にはとくに注意を払う
- ☑ 自動販売機など、注意を引きそうなものを前もってリサーチしておく
- ☑ とび出す前に、声をかけられるようにする

Voice

お散歩中にふらふらと歩きまわってしまう子は、保育者のそばにいてもらうようにしています。そのとき「先頭さんをやってね」と、その子が誇らしく思えるような言い方にします。花などを見つけたときも、「みんなにも教えてあげようね」と声をかけています。

サポートの具体例

3 道順をあらかじめ示す

くすりやさんのところで
まがって、信号をわたって、
公園にいくよ

どんなところを通って どこに行くか教えておく

どこに行くのか、どんなところを通るのかわからないと、不安で先に進めない子どももいます。お散歩の前に、絵や写真などで、どこに行くのか、行くまでにどんなものがあるのかを伝えておきます。興味があちこちに移ってしまう子には、「今日はどこに行くんだっけ？」などと質問して、興味を戻します。

One Point お散歩は、いつも静かな空気に満たされている朝に行い、車や通行人が少なく、場の雰囲気が一定しているルートを選ぶようにします。気になる子のなかには、いつもと違うことや予定変更を極端にいやがる子もいます。安全上の理由がなければ、できるだけ、一度決めたルートは変えないほうがよいでしょう。

散歩

みんなと同じペースで歩けない

生活動作

体の発達が遅かったり、運動が苦手だったりしてみんなにペースを合わせられない子もいます。日常から体を動かすことが大切です。

どうして?

- 筋力が弱く、足腰が安定しない
- 興味のあるほうへ気持ちがそれてしまう

筋力のなさが原因

4、5歳になってくると、自分の周りにいるほかの人にも目が行くようになり、みんなと合わせることが少しずつできるようになります。ただ、体の発達がゆっくりだったり、運動が苦手だったりして、みんなと同じペースでは歩けない子もいます。

お散歩のたびに保育者が援助してしまっては、子どものためにはなりません。保育者がついて、その子のペースに合わせて無理なくお散歩ができるようにしましょう。また、ペースが合わせられるように、日常からあそびのなかで体を使って、運動になれるようにしていきます。

朝
あそび
集まり
散歩
友だち
着替え
食事
トイレ
行事
その他
降園
危険

サポートの具体例

1 日常的に体を使った動きや手伝いをさせる

あそびやお手伝いのなかで体を使わせる

日常からあそびやお手伝いのなかで、体を動かしたり、歩く機会を増やしてあげましょう。たとえばバギーを押して、タイヤの力で進ませると自分で歩くより簡単で、無理なく運動できます。その子の好きな人形やおもちゃを入れ、保育室まで運ばせるなどしてみましょう。

目標を決めて歩く

ずっと早く歩くことはむずかしくても、少しの距離を目標にすると、そこまでは早足で歩けることもあります。「あの赤い屋根のお家まで早く歩こうか」「5つ目の木のところまで早く歩こうか」などと目標を決めて、早く歩くことも経験させてみましょう。

Voice

家に階段がない子も多く、片足に重心を乗せられない子が増えてきました。足を一歩ずつしっかりと出せるよう、園では階段ののぼりおりをさせています。また、必ず階段がついているすべり台もいい練習になっています。

友だち

ルールが守れない

ルール

集団生活のルールが守れないのは、ルールを知らない、理解できない、忘れてしまうなどのほか、ルールを守るのにあきてしまうという理由もあります。

どうして？

- ルールがあること自体がわからない
- ルールが理解できない
- 順番や並び方がわからない
- 相手を待てない

抽象的なルールが苦手な子もいる

子どもはお友だちとのかかわりのなかで、「このおもちゃはみんな好きだから次の子に貸してあげよう」「最後に来たから最後に並ぼう」などと、自分で気がついたり、保護者や保育者などの大人から教えられたりして、ルールを身につけていきます。

けれど、なかには、ルールが理解できない、あるいはルールがあること自体がわからない子もいます。そういう子には、まず、ルールにのっとった行動を保育者が示してあげましょう。そしてルールが守れたら、たくさんほめて、子どもがルールを守ろうと思える環境をつくります。

サポートの具体例

1 周りを見せてまねをさせる

声をかけてきっかけをつくる

気になる子のなかには、周りに関心を示さない子がいます。そのような子には、「みんなどうしているかな？」と周りに注意を向けさせてみましょう。ほかのお友だちを見られるようになったら、少しずつまねをさせてみましょう。

サポートのポイント

- ☑ ルールは絵や紙しばいなどでわかりやすく教える
- ☑ ルールを守れていないときは、声をかける
- ☑ ルールを守れている子をほめ、その子のまねをさせる
- ☑ ルールが守れているときに、ほめる

One Point ルールの体得はその子の成長とぴったりつながっています。「今日は順番を守れるようにがんばってみようか」など、その子の意識を高める声がけをしてみましょう。きのう守れなかった子が今日は守れることもあります。

サポートの具体例

2 ルールを守る理由と適切な行動を伝える

理由と正しい行動を教える

ルールを守る意味がわからない子には、その理由をしっかりと伝えるようにしましょう。おもちゃをひとりで使うと周りのお友だちが使えなくて困る、ボールをむやみに投げると周りのお友だちにぶつかって痛い、などと具体的に伝えます。さらに、周りに注意を向けさせ、「ボールはお友だちにぶつけない」など、具体的にとるべき行動を教えます。

サポートの具体例

3 ルールを決めさせる

今日のルールは
なににする？
お友だちに
キックとかパンチとか
しなーい

自分でルールを決めさせる

ルールやルールを守ることを理解できるようになったら、ルールを自分で決めさせるのも有効です。自分で決めることで、よりいっそう意欲も出ます。

サポートの具体例

4 守れたらごほうびをあげる

ごほうびシールで楽しく

ルールを守ってあそべたら、「えらいね」「できたね」とほめてあげましょう。また、成果がわかるように小さいノートなどにはんこやシールを貼っていって、ためるのも有効です。ルールを守るといいことがある、楽しいと思えるようにします。

できたことはほめる

ブランコの順番を守れなくても、すべり台の順番は守れる子もいます。興味がわけば、自然にルールを守れることもあります。「ちゃんと順番を守っていられたね、えらいね」とほめ、できていたことを教えてあげましょう。

Voice

お気に入りのキャラクターのシールをごほうびシールにしています。ほかの子どもに見えてしまうと、「僕も」「私も」となってしまうので、こっそりやるようにしています。

“その日ルールを守れたらシール１個” と決めたのですが、守れませんでした。理由を聞いたら、「だってあきちゃった」と。そのため、あそびの時間だけ、食事の時間だけ、と短く時間を区切ったら、できるようになりました。いまでは、自分でルールも決めて、楽しそうにやっています。

友だち

自分のルールやペースにこだわる

どうして？

- いったん決めたルールを変えるのが不安
- 周りの状況を読み取るのが苦手
- 自分のペースがお友だちと合わない
- 自分の空想をじゃまされたくない

ルール

自分で決めたルールだけを守り通したがる子がいます。こだわりは認めつつ、緊張をほぐし、基本的なルールはしっかり教えるようにしましょう。

認めると落ち着く

誰にでも自分だけの「マイルール」はあるものです。しかし、気になる子のなかには、それを押し通そうとしたり、周りに押しつけようとしたりする子がいます。その子にとっては、それが守られないと不安になってしまうため、ある程度こだわりやルールは認める必要があります。たとえば「保育室には片足とびしてから入る」といったルールがあったら、保育者やほかのお友だちが一緒にやってみるのもいいでしょう。

ただし、周りの人に気を配れるよう、社会やお友だちの間におけるルールやマナーはしっかり教えます。

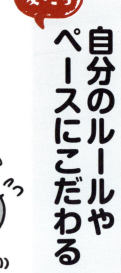

サポートの具体例

1 相手の気持ちに気づけるような声がけをする

自分が同じことをされたらどうかと問う

自分の気持ちやルールをお友だちに押しつけてしまう子もいます。そのような子には、「同じことを言われたり、されたりしたらどうかな？」と言って、相手の気持ちを考えられるような声がけをしましょう。さらに「お友だちはいやな気持ちになるかもしれないよ」と言って、仲直りができるように仲介しましょう。許容できるルールなら、その子だけ特別扱いにならないよう配慮しながら、ほかの子に理解を求めることもあります。

サポートのポイント

- ☑ その子のマイルールを知る。家ではどうしているかも保護者に聞いてみる
- ☑ 許容できることは許容する
- ☑ 人の迷惑になることや危険なことは、なぜダメなのかわかるように説明して理解させ、正しい行動を教える
- ☑ 相手の気持ちを考えて行動できたときには、ほめてごほうびをあげる

絵カードで自分のことを客観的に考えさせる

困った状況の絵を見せて、「こうなったらみんなどう思う？」と聞いてみましょう。自分でやっているときには気づかなくても、絵カードで状況がわかると、「それはみんな困るね」とわかるときもあります。

友だち

役割を果たせない

どうして？

- 役割を担う意味がわからない
- 自分の役割がわからない
- 当番活動のやり方がわからない
- ほかの子と協力し合えない

ルール

給食の当番やお片づけの係など、クラスでの役割を教えることも大切です。けれど、なかには役割がわからない子や、やる意味がわからない子がいます。

達成感がポイント

子どもは「給食の配膳」「お名前よび」「水やり」「そうじ」などの園のなかの当番活動を通じて、役割を担い、果たすことを学びます。けれど、なかには、自分の役割がわからない、役割はわかっていても、やり方を知らない子がいます。また、ほかのお友だちと一緒にやりたくないという場合もあります。どこに原因があるのかを探り、その子に合った支援をしていきましょう。

そして、役割や当番活動が上手にできたときの達成感と、自分も周りのみんなの役に立っている、というよろこびを味わわせてあげましょう。

サポートの具体例

1 ほかのお友だちと一緒に取り組む

お友だちと一緒にやる

気になる子のなかには、ひとりで役割を担うのがむずかしい子がいます。世話好きのしっかりした子と組ませて、一緒にやるとがんばれる場合もあります。ただし、しっかりした子の「お手伝い」にならないよう、あくまでもふたりで一緒に取り組めるように気をつけます。

お友だちがやっているところを見せる

役割を果たす意味がわからなかったり、方法がわからない子には、お友だちが当番をしているところを見せるのもいいでしょう。「何をしているかな」と声をかけ、「一緒にやってみようか」「次やろうね」などと声をかけます。

サポートの具体例

2 ひとりでできる係をつくる

お友だちと協力するのがむずかしい子もいる

気になる子のなかには、自分のペースにこだわるなど、人と一緒に何かをするのが苦手な子もいます。保育者と一緒にやるか、ひとりでできる係をつくるなどして工夫をします。「いつもありがとう」「助かったわ」としっかり感謝を伝えて、その子が誇《ほこ》らしい気持ちを持てるようにしましょう。

友だち

お友だちがいやがることを言う

ルール

悪気なく、お友だちに乱暴な言葉や傷つくようなことを言ってしまう子がいます。人の気持ちをくみとることが苦手などの理由があるようです。

どうして？

- 相手の気持ちや表情を読むのが苦手
- 衝動を乱暴な言葉で発散させようとする
- 思ったことをそのまま言ってしまう
- ボキャブラリーが少なく、その言葉しか知らない

理由を見きわめ冷静に対処

大人がおどろいたり、あわてたりする反応がおもしろくて、きたない言葉をわざと使う子、相手がどう思おうがおかまいなしに、ただ言いたいことを言っているだけの子など、いやな言葉を使う子どもの理由はいろいろです。保育者はその理由を見きわめて、それに合った対処をすることが必要でしょう。

どんな理由であっても、暴言に対して大声で叱ったり、暴言で返したりしてはいけません。エスカレートするだけでなく、ほかの子もまねをしてしまうので、冷静な対応をしましょう。

サポートの具体例

1 言い換えを教える

相手の気持ちや正しい言い方を伝える

乱暴な言葉ばかりを覚えてしまっている子には、やさしい表現を教えましょう。「～しろ」ではなく「～してね」、「あっち行ってよ！」「きらい！」ではなく「ごめんね、ここであそびたいの」「やめてね」など、言葉を具体的に教えます。同時に、どうしてそういう言葉を使ってはいけないのか、相手の気持ちを考えるように指導します。

サポートの具体例

2 子どもにとってうれしい言葉を伝える

日頃からうれしい言葉をかける

いやがる言葉を言う子どもは、言われたらうれしい言葉をかけられていないこともよくあります。保育者が「やってくれてありがとう」「やさしいね」「がんばって」など、うれしい言葉を伝えてみましょう。

Voice

相手のお友だちや周りの大人の反応をおもしろがって、わざときたない言葉を使っている子もいます。そういう子にはむきになって反応しないようにします。反応がなければつまらなくなってやらなくなります。

友だち

お友だちのものを取ってしまう

ルール

お友だちのものを勝手に持っていったり、横取りしてしまう子がいます。コミュニケーションがうまくとれないことが原因となることが多いようです。

どうして？

- 衝動的にものを取ってしまう
- 要求を正しく伝えられない
- ルールが身についていない

貸し借りのルールを知らない

ほかの子のものを勝手に取ってしまう子のなかには、周りへの関心がうすく、周りの人をまったく気にしていなかったり、コミュニケーションがうまくとれなかったりする子がいます。「貸して」「いいよ」「ありがとう」「ごめんね」などの言葉をまったく知らないこともあります。そのような子には、まず、ものの貸し借りのやり方、ルールを教えてあげることが大切です。

また、相手のお友だちや大人の反応がおもしろくてわざとやっている場合もあるので、理由を探って、冷静に対処することも大切です。

サポートの具体例

1 「貸して」の練習をする

声に出す練習をする

貸し借りのルールがわかっていない子どもには、まずは保育者と一緒に「貸して」と言う練習をさせます。できるようになったら今度はひとりで言う練習をしましょう。気になる子にだけ教えるのではなく、ふたりひと組のお芝居にして、お集まりなどの活動のなかに取り入れてもよいでしょう。

あのお人形であそびたいのね。
じゃあ一緒に「貸して」って
お願いしてみようか
かして…

サポートのポイント

- ☑ なぜ取ったのか、理由と経過を知る
- ☑ トラブルになってしまったら、ほかの子と引き離す
- ☑ 落ち着いたら返しに行かせる
- ☑ 「ごめんね」などあやまる言葉を教える

サポートの具体例

2 取ってしまっても叱らない

過敏に反応しない

衝動的にものを取ってしまう子に、「ダメ」と言ってしまうと、押さえつけられたことがストレスになることがあります。過敏に反応せずに、落ち着いているときに話したり、「ごめんね」と言って返す練習をするようにしましょう。

「ごめんね」って
言って、返そうね

友だち

乱暴な行為をする

ルール

思いどおりにならないと、たたいたりけったりする子がいます。衝動的に行動するのではなく、がまんするスキルを身につけさせることが必要です。

どうして？

- いやなことがあるとお友だちに乱暴してしまう
- 感情を言葉で表現できない
- 常に満たされず、イライラしている
- 情緒が不安定
- どれくらいの力で相手がケガをするかがわかっていない

理由をしっかり聞き出し、対処する

気になる子のなかには衝動性があり、お友だちとあそんでいるなかで、急にたたいたり、けったりする子がいます。ちょっとした理由であってもその子にとっては、とてもいやなことだったかもしれません。

その子の気持ちを受けとめつつ、たたかれたりけったりされた子の気持ちを考えさせるようにします。どんなときも暴力はいけないことであることを伝えましょう。

また、衝動的に手や足が出てしまう子には、お腹に力を入れる、声を出すなど、代わりとなる行為を教え、自分をコントロールする方法を一緒に探っていきます。

サポートの具体例

1 乱暴をしてはいけないことを教える

乱暴はダメ

どんな理由があれ、「乱暴は絶対にダメ」と園全体でしっかり教えます。年長さんなら、なぜダメなのかみんなで考えてもよいでしょう。

相手の気持ちを教える

気になる子のなかには、人の表情を読み取るのが苦手な子もいるため、乱暴をしたら、相手がどう思うかなども保育者が教えます。絵カードを使ってみると、子どもにも客観的に状況がわかり、相手の気持ちがわかりやすくなります。

サポートのポイント

- ☑ 悔しかった、頭に来たなど、その子の気持ちを十分聞く
- ☑ どんな理由であれ乱暴はダメと教える
- ☑ 乱暴をこらえるための、その子との個別のルールをつくる

乱暴しなかったらごほうび

どんな子も、期待されたり、ほめられたりするのはうれしいものです。乱暴をしなかった日や、がまんができたときは、ほめてあげます。「今日はお友だちをパンチしない」など、具体的なルールを子ども自身に決めさせるのもよいでしょう。守ったらごほうびシールをあげるなど、「ほめられた」ことが目に見えやすくするのも効果的です。

サポートの具体例

2 がまんの方法を教える

言葉で伝えることを促《うなが》す

怒ったときに乱暴をするのではなく、「何がしたかったの？」と聞いて、言葉で言ってみるように促《うなが》します。本当はどうしたかったかがわかったら、相手への伝え方をどのように言ったらいいのか具体的に教えていきましょう。

じゃあ、「これは使っていたから、返して」って言えばよかったんだよ
……
ぼくのだったのに取ったんだよ。だから取り返しに行ったんだ

がまん

おへそでがまん

暴力をふるいやすい子には、がまんする方法を個別に教えます。たたきたいと思ったら「おへそにグッと力を入れる」「あっ！と大きな声を出す」など、具体的に代わりの方法を教えます。がまんする方法を体で知っていくことが大切です。

がまんできないときには

「怒ってがまんできなかったら、先生に言ってね」とあらかじめ伝えておきます。「先生！」と言ってきたら、ゆっくり話を聞いてみましょう。そしてまずは「ちゃんと先生に言ってくれてありがとう」とほめ、どうしたらいいか、具体的な方法を教えてあげましょう。

サポートの具体例

3 乱暴なことをしてしまったら安全確保と声がけを

まずは安全確保

乱暴なことをしてしまったら、まず保育者が間に入ってふたりの安全を確保しましょう。ものをつかんだらすぐに取り上げます。まず保育者が「あー！」と大きい声を出すと、びっくりして動きが止まることもあります。

落ち着かせてから気持ちを振り返る

止めてもしばらく暴れている子もいます。まずは落ち着かせることが大切です。落ち着いたら、気持ちを受けとめながら、原因を探ります。「それはいやだったね」と、その子の気持ちを代弁してあげます。その上で、「でも、たたいちゃうのはよくないよね」「相手のお友だちは痛かったんだよ」などと具体的に教えていきましょう。

One Point

もしケガをするような事態が発生したら、即座に手当てをし、何が起こったのか、ケガの程度など、状況を両保護者に報告します。今後の対応策、防御策も話し、保護者の心配を少しでも和らげるようにしましょう。担任ばかりに負担がかからないよう、園全体で担任を支えましょう。

着替え

衣服の着脱がうまくできない

生活動作

ひとりで着替えができるようになるには技術が必要です。方法を教えるとともに、つかむ、つまむなどの指先の動きを練習する必要があります。

どうして？

- 自分のボディイメージがつかめていない
- 服の表裏、前後がわからない
- 着替えの手順が覚えられない
- うでの上げ下げやかがむといった、着替えるのに必要な動作が苦手

着替えの手順は複雑

着替えの動作には、首を入れる、うでを通す、ボタンをはめる、足をズボンに入れる、シャツをズボンのなかにしまうといった手順があります。シャツや上着の着替えでは、自分の後ろにあるそでに手を通さなければいけないなど、見えないところの作業もあり、これらは、子どもにとっては複雑です。とくに、気になる子のなかには、自分の手足を思うように扱えない子どもが多いため、着替えもひと苦労です。

必要なところは手伝う、脱ぎ着のしやすい服を選ぶなどして、ひとりで着られるように支援します。

サポートの具体例

1 着脱が簡単な服を選ぶ

自信がつけば意欲につながる

ひとりでできたという自信が持てるよう、園ではかぶるだけでよい着脱しやすい服を用意しましょう。3歳になったらボタンのついた服にするなど、成長に合わせていきます。

口が広く、頭や腕を通しやすいスモック

前が全開できるマジックテープタイプ

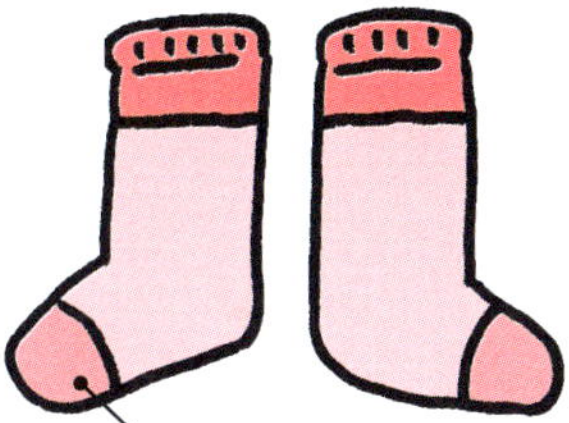

上下のわかりやすい靴下

絵柄で左右を区別できる靴

Voice

ボタンならつけ糸をゆるめてホールに通しやすくする、靴のかかとにリングをつけて引っ張りやすくするなど、ちょっとしたアレンジをして、着脱しやすくしています。服の後ろに刺《し》繍《しゅう》やマークをつけると、前後がわかりやすく混乱しなくなりますよ。

サポートの具体例

2 着脱の練習をする

手順を見せて指導

保育者が着替えを手伝ってあげなければならないときもあります。着せてあげるのではなく、自分ひとりではできないところだけ手伝うようにします。着替えの場所に着脱の手順を描いた絵を貼って、動作を示したり、ズボンを上げるなどの最後の動作だけは子どもに行わせるなど、「自分でできた」という達成感を味わわせるようにします。

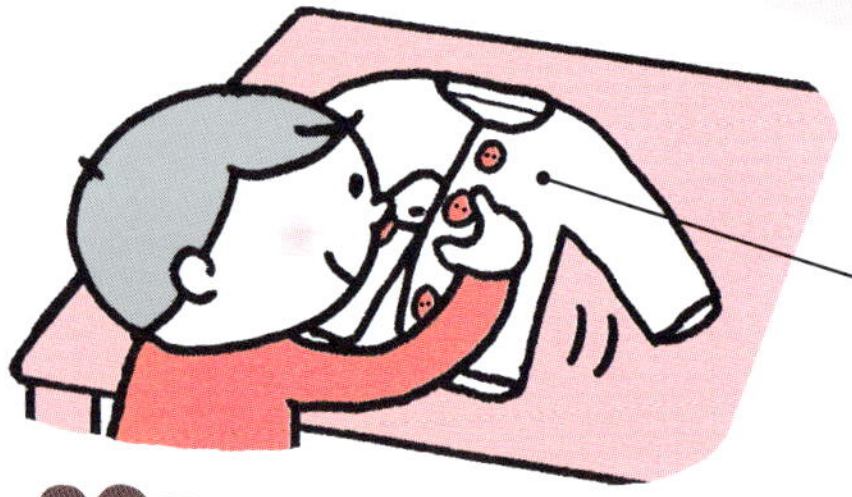

大きめのボタンを使って、ボタンをとめたりはずしたりする練習をしてみましょう。

Voice

おむつがかさばって自力でズボンを腰まで持ち上げられないことがあります。そんなときは後ろからキュっとズボンのウエストを持ち上げてあげると自分ひとりで履いた気持ちになれて自慢してきてくれますよ。

着るより脱ぐほうが簡単です。最初は脱ぐだけひとりでさせてみる、そでの短い夏から自分で着させてみるなど、少しずつステップアップできるようにしています。

朝 あそび 集まり 散歩 友だち 着替え 食事 トイレ 行事 その他 降園 危険

サポートの具体例

3 ボディイメージを高める

ボディイメージは運動神経とも関係

ボディイメージとは、自分の体をどう動かすかという感覚のこと。気になる子のなかには、ボディイメージをつかみづらい子がいます。体を動かす機会を増やして、いろいろな体験をさせ、自分の体のイメージをやしないます。着替えがしやすくなるのはもちろん、ぶつけたり転んだりといった危険も、回避できるようになります。

体の一部を動かす

年齢が小さいときには「足＝ズボンをはく」「手＝上着」「おしり＝パンツ」などの体の部位と服が結びつかないことがあります。普段の生活のなかで「あしごしごし」「うでぶらぶら」「おしりふりふり」など、体の一部を動かして、ボディイメージを高めてみましょう。

サポートのポイント

- ☑ 手順の絵カードを見せる
- ☑ ひとりでできないところは手伝う
- ☑ ひとりで着られた達成感が味わえるよう、着脱の簡単な服にする
- ☑ 握力をきたえるあそびをする

One Point 着替えが苦手な子どもたちを見ていると、つかむ、つまむ、にぎるといった動作がまだできていない子が多いようです。自分で使ったタオルをかけて洗濯ばさみでとめる、という動作を普段の生活に取り入れて、練習させるのもいいでしょう。洗濯ばさみは強度がいろいろあるので、はじめはやわらかいものから練習させ、徐々にかたいものにし、握力をきたえられるようにします。

着替え

着脱への意欲がない

生活動作

着替えに手まどってしまい、やる気がなくなり、着替えようとしない子がいます。自分でやろうとする意欲をわかせる支援が必要です。

どうして？

- 着替えたあとで何をするのかがわかっていない
- 服に関心がない
- 着替える習慣が身についていない
- 周囲がざわざわしてて集中できない

着替えを生活習慣にする

服を替えることは生活にメリハリをつけるうえでも大切な習慣です。園でも、お昼寝の前や水あそびのあとなど、着替えが行われますが、やりたがらない子がいます。着替える意味がわからない子もいれば、自分でやるのがめんどうでいやがる子もいます。着替えてサッパリする、次のことをやる、という見通しが立たないことも理由にあるようです。

お昼寝から起きたら着替えるなど、生活習慣にしていくのが理想です。場所を決め、専用のかごをつくるなどして、着替えが楽しみになる環境づくりから始めます。

サポートの具体例

1 着替えに集中できる場所をつくる

場所を固定する

お着替えコーナーを決め、そこに行けばハンガーやかご、着る服が置いてあるようにします。家でも着替え場所は「タンスの前」など決めてもらいましょう。そこに立っただけでも準備ができたことになります。それができたら服を出す、次は肩にかけてみる、というように徐々にステップアップ。着替えに必要な物以外はその場に置かないようにします。

キャラクターの力を借りる

お着替えコーナーにその子の好きな動物やキャラクターを貼り、着替えるたび、見られるようにしておきます。「パンダさんに会いに行こうね」と誘ってあげましょう。着替えられたらパンダの数が増えるなど、変化があるとより楽しくなります。

One Point ひとりでできたことがあったら、たとえボタンがずれても、靴が左右逆でも、「できたね」とほめてあげましょう。もっとほめられたいと、子どもはがんばるようになります。

着替え

着るものへのこだわりがある

生活動作

こだわりの強い子どものなかには、いつも同じものしか着ない子がいます。まずはいろいろな服にふれるきっかけをつくるところから始めます。

どうして？

- 感覚過敏があり決まった服しか着られない
- 感覚鈍磨があり、暑さ、寒さを感じにくい
- いつも着ている服でないと不安
- 新しい服に対応できない

服のこだわりともいえる

気になる子のなかには、こだわりが強い子がいますが、そういった子のなかには、着るものにもこだわることがあります。感覚過敏がある子は、新品の服のピンとしたハリや、毛のチクチク感、帽子のひもや手袋、靴下の密着感をきらうことが多いようです。また、えりのタグに、針に刺されたような痛さを覚える子もいます。

形にこだわる場合は、ボタンのない服を好む傾向にあります。こうしたこだわりの結果、着る服のパターンが極端に少なくなり、季節に関係なく同じものを着たがることもあるようです。

サポートの具体例

1 いろいろな服にふれる機会をつくる

あそびのなかで体験

着せ替えごっこや手袋人形の劇など、あそびを通していろいろな服を体験させましょう。着替えをテーマにした絵本を読み聞かせる、服をたたむ、ハンガーにかけるなどをさせて、興味を持たせます。

短い時間から始める

「お集まりのときだけうわばきをはこうね」「お外に行くから帽子をかぶるよ」など、苦手なものは時間を決めて慣れてもらいましょう。お気に入りのキャラクターやマークを苦手な服につけて「着てみてって言っているよ」などと、服にさわらせてみたり、ちょっとだけ着させてみるのもよいでしょう。

サポートの具体例

2 持つだけ、のせるだけでもOK

身につけなくてもOK

入園式ではブレザーを着なければいけないなど、TPOに応じた決まりがあります。けれど、どうしてもいやがる場合は、持っているだけでもよしとしましょう。また、ちゃんと着ている子をほめて「かっこいいね」「すてきだね」と声をかけて、興味を持たせます。

食事

落ち着いて食べられない

ルール

食事中に立ってしまう子、おはしなどを投げてしまう子、おしゃべりしてしまう子などがいます。落ち着ける環境づくりから始めましょう。

どうして？

- おなかがすかず、食欲がない
- 周囲が気になり、食事が止まってしまう
- 食べ方がわからない
- 匂いや音が気になる

楽しく食べる工夫を

気になる子の多くは、集団での食事が苦手です。集中力がなく、興味がほかに移ってしまったり、同じ場所に長時間座っていることが苦手だったり、ざわざわした雰囲気が苦手だったりする子もいます。感覚過敏があって、ごはんの匂いや、周りの人がごはんを食べる音がいやで、その場にいられない子もいます。

食事中のマナーやルールを教える必要がありますが、すぐにできるようにはなりません。まずは座っていられることを目指します。子どもが食事を楽しめるような工夫も必要です。

サポートの具体例

1 落ち着ける環境をつくる

座っていられただけでもほめる

昼食の間、立ち歩こうとしたら「何をしたいの？」と聞いて保育者と一緒に行動したり、目的がはっきりしていなかったら、「次はお肉を食べようか」と食べ物に目を向けさせてみましょう。次は理由があれば１回だけ立ち歩いてもよいことにする、というように個別のルールをつくって進めます。遊具などはカーテンなどで隠し、静かな環境をつくりましょう。じっとしていられない子には、座っているだけでもほめるようにします。

今日は 15 分も座って
食べているね。えらいね
もぐもぐ

保育者の近くの席にする

周りが気になって落ち着いて食べられない子には、端の席や保育者のとなりに座らせます。食べ終わったら、立ち歩く前に「ごちそうさまを言おうね」など、けじめとなる言葉も教えます。

Voice

「どうして立っちゃいけないの」と聞かれたら「食べたものがおなかでごろごろして痛くなるのよ」「ホコリがたって口に入っちゃうのよ」と、説明します。理由がわかると安心して座っていられる子もいますよ。

サポートの具体例

2 家庭との連携を図る

家での食べ方との関係

食習慣には家庭環境も大きくかかわっています。おやつの食べすぎでおなかがすかない子や、テレビを見ながら食べる、あそびながら食べるといった「ながら食べ」が習慣になっていると、しっかり席について食べることができません。家で食事で困っていることはないか、ふだんの食事はどうしているかを聞いてみましょう。また、間食は決まった時間に決まった量だけにして、ごはんを食べる習慣を身につけさせましょう。

サポートの具体例

3 子どもに決めさせる

もうちょっとがんばってみる

全部食べられなかったり、食べることにあきてしまって、立ち歩いてしまう子がいます。「もういらない」などと言っても、「もう少しだけ食べてみようよ」と言って、座っている時間が長くなるよう、工夫をしましょう。少食の子には残った分を大きいほうと小さいほうに分けて「どっちを食べる？」と聞くのもいいでしょう。約束を守れたらほめてあげます。

気分をのせる

「お名前の分だけ食べよう」と言って、気分をのせて何口か食べさせるのも効果的です。食べられるようになったら「パパの分も食べてあげよう」「ママの分も食べてあげないとね」と誘います。気分がのってくると、結局全部食べられることもあります。

Voice

給食中、「おかわりをください」「ジュースがほしい」といった要求が言えなくてうろうろしてしまう子がいます。絵カードをつくって渡せるようにしました。何がしたいのか、こちらもわかって安心です。

食事

食べ物の好ききらいがある

生活動作

食わずぎらいで食べない子や、集団のなかでは食べない子もいます。気になる子のなかには、特定の食べ物以外は受けつけない子もいます。

どうして?

- 食べたことがないからいや
- 味覚や嗅覚、色などにこだわりがある
- ガラスや砂を噛んでいるような食感がある
- 集団のなかで食べるのがつらい

独特のこだわりがある

子どものうちは感覚が敏感です。なかでも口のなかの感覚は大人よりもずっと敏感であると言われています。とくに気になる子のなかには、ざらざらしたものを石をかんでいるように感じて痛がったり、同じものでも温度が違うと食べない、お弁当箱に詰めたものしか食べないなどのこだわりを持つ子もいます。

色、匂い、食感などの何をいやがるのか、保護者とも情報を共有するなどして、少しずつ食べられるものを増やしましょう。わがままで食べないわけではないことを理解しておかなければいけません。

サポートの具体例

1 食べる意欲がわく環境をつくる

周りの目を気にして食べない子も

家ではごはんが食べられても、集団のなかではみんなの目を意識しすぎてしまって食べられない子もいます。少し離れたところに席をつくり、みんなと同じ空間にいることに慣れるようにします。ときどきみんなのほうを向かせて、関心を持たせましょう。

どのくらいならがんばれる?

苦手な食材やメニューでもがんばる気持ちを育てることも大事です。「ひとつ食べたら、大好きなデザートが待っているよ」と好きな食べ物への期待が持てるような声がけをしてみましょう。

サポートのポイント

- ☑ その子が落ち着いて食事ができる環境をつくる
- ☑ 食べるのをいやがっても、そのまま受け入れるのではなく、がんばるきっかけをつくる
- ☑ 家庭と連携して支援する

家と似た環境にする

家ではごはんが食べられるという子には、家ではどうしているかを聞いてみましょう。好きな食器を使う、好きなマットをしいてあげるなど、家と似た環境をつくってあげると安心して食べられることもあります。また、家で園の盛りつけをまねしてもらい、慣れてもらったり、同じメニューをつくってもらうことも有効です。食習慣の定着には保護者との情報共有が欠かせません。

サポートの具体例

2 見た目を工夫して食べやすくする

ひと口大にする

お茶碗に盛られていると多く見えて食べたくない、という子どももいます。そんなときは、ひと口サイズにして、見た目を減らしてあげましょう。ひと口が食べられるようになってきたら、少しずつ量を増やしていきます。

こだわりを持つ子も

白いごはんしか食べない、お弁当箱に詰めてあるものしか食べない、などのこだわりを持つ子もいます。栄養のかたよりが心配でなければ、ある程度のこだわりは認めて、対応してあげましょう。

家庭では

苦手なニンジンやピーマンも形がわからないように切ったり、すったりして料理すれば、おいしく食べられるものです。「今日のハンバーグはニンジンも入っていたんだよ」と伝えて、食べられた経験をほめてあげるよう、保護者にもお願いしてみましょう。

ごはんしか食べない子にはごはんの上にほんの少しおかずを乗せてみたり、年少さんなら、舌にちょっとだけ乗せて味を体験させてみたりしています。

サポートの具体例

3 食べ物に興味を持たせる

少しずつ食べ物に関心を持たせる

気になる子のなかには、食べ物に関心を示さない、見るのもいや、目の前におかれるのもいや、という子もいます。まずは、みんながごはんを食べているところを見る、目の前にちょっとだけおく、匂いをかぐ、次にかじる、ひと口食べる……というふうにステップアップしていきます。まずは食べ物に関心を持たせます。

ちょっとだけ匂いを
かいでみようか
くんくん

食べ物を収穫したり、つくるところから

苦手な食べ物でも、自分で土のなかから収穫したり、切ったりして料理すると、気になって興味が持てるものです。トマトやキュウリなどの収穫体験をさせたり、盛りつけをさせるのもいいでしょう。

好きなものと関連づける

赤いものが好きなら、トマトやにんじん、赤いかまぼこから食べてみるなど、好きなものと食べ物を結びつけてあげましょう。3が好きな子なら3口だけ食べてみる、というのもいいでしょう。こだわりをうまく使います。

Voice

ベビーフードやジャンクフードの味に慣れすぎていて、園の給食の煮物やおみそ汁の味をまずい、と言った子どもがいました。少しずつ食べさせると同時に、保育者が食べるところを見せながら「これおいしいな」と言って、興味を持たせるようにしました。

食事

ほかの子の食べ物を取って食べてしまう

ルール

気になる子のなかには、人と自分のものの区別がつきにくい子がいます。食事中では、それが人の食べ物を取って食べてしまうようなことにも発展します。

どうして？

- 周りの様子が見えない
- 偏食でいつも空腹感がある
- 人のものと自分のものの区別がつかない

悪気があるわけではない

好きなものしか食べないからおなかがいっぱいにならない、だからとなりの子のものをだまって取って食べてしまう、という子がいます。また、あるものしか目に入らず、それがほかの子のものでも手が出てしまうこともあります。相手の子どもや周りの大人の反応がおもしろくて、取ってしまう子もいるでしょう。

給食は「みんなで分けるもの」であることが、わかっていないこともあります。何をしたらいいのか、何がダメなのかなど、食事のなかでのルールを少しずつ教えていきましょう。

サポートの具体例

1 みんなと離して座らせる

お友だちのものに手が届かないところに座らせる

お友だちのものを取ってしまう子は、くせになってしまうこともあるので、お友だちとは少し離して、簡単に手が届かないようにします。保育者がすぐに対応できるように近くに座らせて、手をのばそうとしたら、名前を呼んで、取らせないようにするのもいいでしょう。

しっかり時間を区切る

周りの子とは席を離し、保育者が向き合いましょう。自分の分を食べ終わったら、その器にふたをする、ふたがなければ布をかけるといった、区切りをつける「儀式」をします。「ごちそうさま」をしたら、そのあとは食べない、といったルールを子どもと決めておきます。

One Point 給食の器はおそろいなので、自分のものとほかの人のものが区別できるような工夫をします。マークをつけるのも一案です。好きなマークを選ばせると、愛着もわき、マークのついた器が自分のものとはっきり認識できるようになることがあります。

食事

配膳されるとすぐ食べてしまう

どうして？

- 周りの様子が見えない
- 「いただきます」と言ってから食べる習慣がない
- 待つのが苦手

ルール

食べる前には「いただきます」をして、終わったら「ごちそうさま」をすることがわからず、配膳されたものをすぐに食べてしまう子がいます。

周りの様子を見るのが苦手

配膳されたらすぐに食べてしまう子どもがいます。家で「いただきます」と声を合わせてから食べる習慣がない、といったことも背景にあるかもしれません。

みんなと食事をするときには、周りの人と合わせて一緒に食べるのがルールです。周りの状況を見たり、待ったりすることが苦手な子には、まずみんながそろうまで待たなければいけないことを教えて、周りを見るように伝えましょう。守れたらほめて、達成感を与えます。みんなで一緒に食べ始めて、みんなで食事を楽しむことを教えていきましょう。

サポートの具体例

1 待つ時間も楽しみにする

待っているあいだにすることを指示する

待つ時間も楽しくなるよう給食の歌を歌う、数を数えるなど、待つ時間の目安を伝えながら待っている間の楽しみを与えます。そして全員そろったら、みんなと一緒に「いただきます」と声を合わせて言うよう指導します。保育者は、「みんなで一緒にいただきますを言うと楽しいね」と声をかけましょう。

待つ時間を短く

どうしても待てない子には、その子には最後に配膳して待つ時間を短くします。保育者の近くに座らせるのもいいでしょう。

出されるとすぐ食べちゃう子は毎年いますね。配膳の間は、歌を歌って待っているようにしています。「お歌が終わるまで待っていてね」と言って、待つ目安をつくってあげると安心するようです。

トイレ

トイレに行くのをいやがる

生活動作

トイレに行けない子がいます。暗い、怖い、水音が大きくていやといった理由のほか、固有のこだわりがあって入れない場合もあります。

どうして？

- トイレに行くのが怖い
- トイレに行きたいと言えない
- トイレに行くタイミングがわからない
- あそびに夢中で尿意、便意に気づかない
- 緊張して用をたせない

ひとりで入る個室への不安

排泄の自立は小学校入学前に必ず身につけておきたいスキルのひとつです。本来であれば、家庭で身につけたいスキルのひとつですが、最近は家庭で十分な取り組みができていないことも多いようです。

トイレが排泄するところだとわかっていない子もいますし、トイレに行くのが怖いという子もいます。また、家のトイレには行けても、園や公共施設、デパートなど、家の外のトイレはいやという子もいます。できるだけ明るく、入りやすい環境を整え、まずは園のトイレから慣れさせていってあげたいものです。

サポートの具体例

1 キャラクターなどを貼って行きたくなる雰囲気にする

かわいいキャラクターや小物で飾る

照明を明るくし、人気のキャラクターや動物のシールを貼って、何度も行きたくなるような、明るくて楽しいトイレを演出しましょう。

キャラクターやかわいいイラストを、個室のドアや座ったとき子どもの目の高さになる位置に貼ります。

照明を明るいものにし、できるだけ外からの光が入るようにします。

トイレに行く機会を増やす

トイレに行きたがらない子は、トイレに行って、その場に慣れるところからスタートします。まずはトイレの前まで、次はトイレのなかまで、というように段階をふんで、トイレに行く機会を増やし、行けたらほめてあげましょう。

One Point 楽しくトイレを使うための絵本やビデオなどがたくさん出ています。そういったものも使って、トイレを身近に感じられるようにしましょう。またトイレが何をする場所なのかわからず、あそんでしまう子どももいます。トイレの役割もあわせて教えるようにしましょう。

サポートの具体例

2 時間を決めて一緒に行く

トイレの時間をスケジュールに入れる

トイレに慣れていなかったり、「行きたい」と言えない子どものために、トイレの時間もスケジュールに組み込み、伝えておきます。行けたらほめる、さらに用がたせたらほめましょう。お昼ごはんのあとやお昼寝の前などがよいでしょう。

サポートのポイント

- ☑ 一斉にトイレに行く時間をつくる
- ☑ 親しいお友だちがトイレに立ったら、「○○ちゃんが行くところも見たいな」と言って、その子と一緒に行かせる
- ☑ 「出なくても大丈夫」と声をかけて安心させる
- ☑ 使い方の手順を示したり、トイレが楽しくなる絵本を見せたりしてトレーニングをする

One Point トイレタイムとタイミングが合わない場合もあります。子どもがもじもじする様子を見せたときに保育者が連れて行きますが、「行きたくなったら渡してね」と、あらかじめ絵カードを渡しておくと、言葉で言えない子も安心です。保育者はカードを渡されたら、「トイレに行きたいのね」とひと言をそえましょう。声に出すことで、絵カードと言葉がつながっていきます。

サポートの具体例

3 トイレに座らせ、見守る

終わるまで見守る

トイレに行けるようになったら、次は洋服のまま座らせましょう。まずは座れたらほめ、用をたせたらもっとほめてあげましょう。個室のとびらを閉めると怖がる子もいれば、とびらを閉めないと用をたせない子もいます。その子に合わせて支援してあげましょう。

砂時計をおき、砂が落ちるまで座らせるのもよいでしょう。

Voice

端の個室しか使わないなど、こだわりのある子がいます。ほかの子が使用中でも無理やり入りたがったりするので、「お友だちが出てくるまで待っていようね」と、その子のこだわりは認めたうえでルールはきちんと教えます。

トイレ

トイレで用をたせない

生活動作

なかなかおむつがとれない子が増えてきました。幼稚園や保育園でも、おむつがはずれるように支援することが求められています。

どうして？

- 排泄の感覚が育っていない
- 排泄の間隔が短い
- 排泄の手順がわからない
- 排泄を知らせる方法がわからない
- 排泄を知らせる必要性がわからない
- おむつがぬれていることがわからない

家庭の影響も大きい

トイレには行けても便器を前にすると尿意を感じなくなってしまい結局はおむつのなかにしてしまう子、パンツの下げ方などの手順がわからない子、尿意や便意、もれている感覚がわからない子など、トイレで用をたせない理由はさまざまです。便器の大きさが合わなくて、おしっこはできてもうんちができない子もいます。

子どもなりに、おもらしやおむつは恥ずかしいと思っていることもあるので、失敗しても叱らないようにしましょう。排泄の機会は家庭のほうが多いので、家庭との連携も必要です。

サポートの具体例

1 トイレに座りやすくする

体の大きさに合ったトイレで座りやすく

トイレに座ったときに足がぶらぶらしてしまうと、おなかに力が入れられず、うんちやおしっこをするのがむずかしくなります。足置き台などで調整し、ふんばりやすくします。

水が流れる音を聞かせたり、耳元で「しーしー」と言うのも効果があります。

座ったときの目の高さに合わせて、トイレの手順を示した絵カードを貼っておきます。

ティッシュケースや牛乳パックなどに新聞紙をつめて、足を置く台をつくります。周りをかわいいシールやテープなどでデコレーションしておきましょう。

座ったときのひやっとした感覚が苦手な子もいるので、便座には便座シートをしいておきます。

Voice

「出ない」と言って座りたがらない子にも、「出なくてもいいよ。座ってみよう」と声をかけています。

男の子のなかには立ち便器の使い方がわからない子がいます。便器をかかえるように座ってしたり、うんちをしちゃう子もいました。デパートや公共施設に行ったときにお父さんと一緒にトイレに行って、お父さんがお手本を見せてあげてくださいとお願いしています。

サポートの具体例

2 トイレのタイミングを教える

トイレにさそう

おしっこをしたくなっても、あそびに夢中でトイレに行けない、行きたいと言えない子もいます。できるだけ保育者が気づき、もらす前に「トイレに出発！」「先生と一緒に行こうか」と声をかけましょう。

トイレに行きたくなったら伝えてもらう

トイレに行くことやトイレに行きたかったら保育者に伝えることがわかっていない子もいるので、おもらしをしたら「次はおしっこがしたくなったら教えてね」と声をかけます。「トイレ行く？　行かない？」と聞いたり、絵カードを渡しておき、「これを渡してね」と言っておくのもいいでしょう。

出なくても大丈夫と声をかける

トイレで座れることも大事なことです。座ってもまだ、タイミングが合わないこともあります。「出なかったけれど、大丈夫だよ」と声をかけて、トイレに来られたことをほめましょう。「次は出ると思うよ」と、次にまたトイレに来ることを意識させるとよいでしょう。

One Point トイレの失敗は子どもなら誰でもしてしまうものです。「失敗しても大丈夫だよ」と声をかけて、うまくいかなくても大丈夫だと感じさせるようにしましょう。また、もらしてしまっても、お友だちに聞かれてはずかしくないように、離れてから言うようにします。

サポートの具体例

3 もれていることを教える

もれているという感覚がわからない子も

もれているという感覚や、おしっこやうんちがくさいことをわからない子がいます。また、「くさい」という言葉の意味がわからない子もいます。もらしていることに気づいたら、声をかけ、もれると気持ちが悪いこと、うんちがくさいことを教えます。

気持ち悪いね。
くさいくさいだよー
ポンポン

もれる感覚を教えてあげることも大切

思い切っておむつからパンツに切り替えて、もれて気持ち悪い感覚を教えてあげることもときには大切です。もらしてしまったら、「ぬれちゃったね。とりかえようか」とやさしく声をかけます。

くまさんぬれちゃったね。
取り替えてあげようか

おむつやパンツがぬれているところを見せる

おむつやパンツを見せて、ぬれているところを見せましょう。最近のものはキャラクターがついていることが多いので、「ぬれちゃったね。かわいそうだね。かえてあげようか」などと声をかけます。

Voice

初めてのパンツはお子さんと一緒に選んでください、と保護者にお願いします。好きな絵のついたパンツだと、早くおむつを卒業したくなるようですね。パンツをはいてきたら、「お兄さん、お姉さんになったね」とほめます。

行事

人の集まる場所に行きたがらない

どうして？

- 人がたくさんいる熱気や体臭に不快感がある
- がやがやした声が大音響に聞こえてしまう
- 同じ場所でも、人が集まると違う場所に見える

生活動作

式典や運動会など、人が集まる行事をいやがる子がいます。いつもと違う雰囲気、騒音、人ごみ、体臭などに耐えられなくなってしまうようです。

事前に伝え、無理をさせない

気になる子のなかには、音や匂いが苦手な子など、感覚過敏があって、大勢のなかに入れない子がいます。また、大勢が静かに座っている卒園式や入園式では緊張してしまい、逃げ出してしまう子もいます。

そうした行事では予行練習が行われることが多いですが、その練習に参加できないこともあります。そういうときは、事前にどんなことをどのくらいの時間するのかを伝えておくことが大切です。また入り口まで行けばよいとする、できるところだけ部分的に参加するなど、その子に合った参加のしかたを考えてあげましょう。

サポートの具体例

1 できるだけ本番に近い環境で練習する

本番の環境をあらかじめ見せる

発表会などのときは、事前に本番の環境を見せてあげましょう。本物の舞台で練習して、「ライトが当たったり、まくが閉まるんだよ」など、どのような状況になるのかを、伝えておくとよいでしょう。

保護者には

練習ではできていても、本番では人が多くなって、いつもと違う雰囲気になります。保護者には、「練習ではこのくらいできていますよ」「本番だといつもと違うので、緊張してしまうかもしれません」と伝えておきます。できなかったときに、どのような支援をするかも伝えておきましょう。

サポートの具体例

2 参加の方法を子どもに決めさせる

達成感が大切

予行練習のときの様子を見て、少し離れたところで参加するか、入り口まで行ってみんなの様子だけ見ているか、子ども自身に聞いてみましょう。まったく参加させないのではなく、その子にもできる参加の方法を工夫して、何らかの達成感を味わわせてあげるようにします。

One Point

音に敏感な子の出番のときは、運動会などで笛を鳴らさない、ざわめきがひびかないよう耳栓をする、といった個別の配慮も必要です。工夫しだいで参加できるようになることもあるので、その子に合わせて、園全体で参加方法を考えてあげましょう。

行事

遠足などに行きたがらない

生活動作

遠足、動物園などの遠出は、いつもと違う時間に、知らないところに行くため、不安がいっぱいです。無理せず、できることから参加させます。

どうして？

- いつもと違う行動がいや
- 園から離れたくない
- 何をするかがわからなくて不安

なじみのない場所が苦手

園では季節ごとに自然を楽しめるイベントが用意されています。春のお花見、夏の海、秋のくだもの狩りなどで、親子で参加してもらうことも多いでしょう。

気になる子に対しては、いつ、どこに、どうやって行くのか、絵や写真で事前にくり返し伝えておきましょう。その日の行動を、子ども自身が予想できるようにしておくと、子どもも安心できます。保護者とも連携しておうちでも事前にスケジュールを確認しておいてもらうと、朝もスムーズです。晴れの日と雨の日で予定が変わる場合はそのことも伝えておきましょう。

サポートの具体例

1 予行練習で少しずつ慣れさせる

園で予行練習する

外でのお弁当が初めての体験になる子は、園庭で給食を食べるなど、似た体験をさせておきます。水族館なら魚の写真を見せる、海に行くなら海の絵本を読みきかせるなどして、当日が楽しみになるよう進めていきましょう。

お外でごはんを
食べるのよ

行く場所の写真を見せる

どんなところへ行くのか、事前に写真を撮ってきて、子どもに見せることもよいでしょう。実際に行く場所がどんなところかわかるだけでも安心します。また、事前に保護者と一緒に行ってもらい見てくるのもよいでしょう。

Voice

遠足のときの大きなバスがいや、という子もいます。親子遠足なら、保護者と相談し、現地まで家の車などで来てもらって途中から合流するなど、部分参加を考える場合もあります。春と秋の遠足なら、秋のほうが慣れているので、秋から本格的に参加してもらってもいいですね。

その他

視線が合わない、ひとり言が多い

生活動作

気になる子のなかには、視線が合わない、会話が成り立たない、オウム返しをしてしまう、まったく言葉が出ない、ひとり言が多いといった子もいます。

どうして？

- 人への興味がうすい
- 刻一刻と変わる人間の顔の表情が怖い
- 自分の世界に入ってしまっている
- 相手の言葉の意味を理解していない
- 自分が話しかけられていることに気づいていない

人への興味を持たせる

気になる子のなかには、会話ができない子もいます。視線が合わなかったり、言葉がまったく出なかったり、オウム返しをしてしまうこともあるでしょう。また、話せてもひとり言が多い、抑揚がないなどの場合もあります。

人に対する関心がうすい子も多いようです。まず人とふれる機会を増やすなどして、人に対する関心を持たせる必要があります。関心があっても話すことがむずかしい子もいるので、絵やジェスチャーなど言葉以外の手段でのコミュニケーションをとったほうがよい場合もあります。

サポートの具体例

1 目を合わせるトレーニングをする

顔に興味を持たせる

視線が合わない子のなかには、人の顔に関心がない子もいるため、「目はどこ？」「お口はどこ？」などと聞いて、人の顔に興味を持たせます。しっかり「見る」ことで脳に刺激を与えられます。保育者の顔をさわらせるのもいいでしょう。

少しずつ目が合う機会を増やす

その子が好きな感覚あそびをしてみましょう。もう１回やってほしいと近寄ってきたら、すぐにやらずに、目が合うまで待ちましょう。そして、目が合ったら、「目が合ったね」「もう１回なの？」と声をかけます。「目が合うとうれしいな」「目を見て教えてね」と言って、目が合う機会を増やしていきましょう。

サポートの具体例

2 緊張を和らげる

意外なことを言ってびっくりさせる

会話が成り立たなくても、話しかけることはやめないようにしましょう。「はい」「いいえ」で答えられる質問をするほか、「今日は何で来たの？　わかった、飛行機で来たんだ！」などとありえない質問などをしてみましょう。子どもがびっくりして思わず反応したり、緊張を和らげたりすることができます。

その他

うそをつく

ルール

空想を本当のことのように話してしまう子は、想像力が豊かなのかもしれません。しかし、なかには注目されたいためにうそをつくこともあります。

どうして？

- 空想で困ったこと、つらいことから逃れたい
- まだ空想と現実の境界があいまい
- みんなを驚かせたい
- 見栄を張りたい

さびしさの裏返しのことも

子どものうそは、それ自体はさほど問題ではありません。4歳くらいまでは、空想と現実を混同しがちで、空想したことを本当にあったことのように話してしまったりします。

注目されたくて、わざとうそをつく子もいます。その場しのぎのうそをつく子もいれば、さびしさからうそをつく子もいます。その子の背景にある問題と、うそをついてしまう理由を探る必要があります。

また、あの子はうそつきだからと、仲間はずれになってしまうことがないよう、配慮することを忘れないようにします。

サポートの具体例 1

うそに過剰反応せず、一緒にやったことを話させる

まずは話を聞いてあげる

テレビで見たことや話を聞いたことを自分の身に起きたこととして言ってしまうことがあります。うそと気づいても、保育者は「そうなの。すごいね」とまずは聞いてあげましょう。たとえ困ったうそでも、みんなの前ではおおげさに反応しないようにします。

あったことを思い出して話す

「今日あったことを教えて」と言って、保育者と一緒にやったことやその日に起きたことを言ってもらいましょう。「そうだったね。本当にそうだったね」と本当にあったことを共有しましょう。

サポートの具体例 2

うそがいけないことだと教える

うそをついてはいけないことを教える

人を傷つけるうそなど、ついてはいけないうそもあります。話を聞いて、うそだとわかったら、うそをついてはいけないことを教えます。さらに、周りのお友だちがどう思うか、自分がうそをつかれたらどうか、うそをずっとついていたらどうなるか、考えてもらうとよいでしょう。

ほめ言葉のレッスン

一人ひとり、その子のよいところを見つけてみんなでほめ合うあそびをしましょう。自分を認めてもらえるとうそをつくことが少なくなります。お友だちに乱暴してしまう子にも、効果があります。

降園

いつまでも帰りたがらない

生活動作

帰りの時間が来ても帰るのをいやがる子がいます。新しいあそびを始めたり、保護者が迎えに来ても、怒ったり、無視したりしてしまうことがあります。

どうして？

- 自分なりに「帰るルール」を決めており、それが園のスケジュールと合わない
- 周りが帰る準備をしているのが見えていない
- 終わりということがわからない
- ひとりでゆっくりしたくをしたいので、みんなのしたくが終わるまで待っている

とっさには切り替えられない

帰る時間が近づくと、お迎えやバスの時間をソワソワと待ったり、帰る準備する子もいれば、声をかけてもあそびを続けたり、新しいあそびを始めたりする子もいます。とくに気になる子のなかには、切り替えが苦手な子や、自分のペースにこだわる子もいるので、声をかけてもスムーズに帰る準備ができない子もいるでしょう。

その子が自分のペースで帰りじたくができるように、予定を伝える、ほかの子としたくの時間が重ならないように配慮するなどします。忘れ物をしないよう、絵カードなどで確認する工夫も必要です。

サポートの具体例

1 帰りやすくなる流れをつくる

事前に予定を伝える

「4時にお迎えが来るから、その前にしたくをする」といった流れが見えていないと、突然あそびを中断させられたような気になってしまいます。あらかじめ、予定を伝えておきましょう。気になる子のなかには、予定変更をいやがる子もいるので、できるだけいつも同じ時刻から準備できるようにしておきます。

時計の長い針が12になったら、
お母さんがお迎えに来るよ

サポートのポイント

- ☑ 帰りじたくを始める時間をだいたい決めておく
- ☑ 何をしなければならないか、絵カードなどで示す
- ☑ やりかけた活動は壊さず、次に取っておく
- ☑ 家に複雑な事情があり、帰れない場合もある。保護者に「何か困っていることはありませんか」と聞いてみる

せかされるのがいやな子もいる

みんながいるなかでは、落ち着いてしたくができなくていやだから、みんなが終わるのを待っているという子もいます。そういう子には、「早く」とせかすのではなく、順番を決めて、子ども同士がぶつからないようにする配慮も必要です。

降園

バスの座席にこだわる

生活動作

同じ時間、同じバスでも、座る席が違うと外の景色がまったく違って見えてしまい、いやがる子がいます。パニックを起こすこともあります。

どうして？

- 座るところにこだわりがある
- 乗り物への不安がある
- 座る場所が違うと違うバスに見える

理由を理解して安心させる

誰でも新しいことにはとまどってしまうものですが、気になる子のなかには、わずかな違いも新しく感じてしまい、いやがる子がいます。ときには、自分の決めた席にほかの子が座っていると無理やりおろそうとしたり、バスに乗りたがらないこともあります。

その子がバスの座席にこだわるのは、見える風景が違うと、どこに連れて行かれるかわからないと不安を感じているからかもしれません。座席が違っても、きちんとおうちに着けることを伝え、安心させてあげましょう。

サポートの具体例

1 席替えで違う席に慣れる

席替えで いろいろな場所に慣れる

座席に名前シールを貼り、月ごとに席をひとつずつずらす仕組みをつくります。少しずつであれば、席替えを受け入れやすくなります。席替えをするときは、「明日からはこの席になるよ」と事前に伝えておき、実際に座らせて、安心させてあげましょう。

どうしてもダメなら お友だちにかわってもらう

気になる子のなかには、調子がいいときと悪いときの差がはげしい子もいます。どうしてもダメなときは、お友だちに説明してかわってもらいましょう。調子がいい日には、声をかけて、「今日は別の席に座ってみようか」などと、誘導します。

Voice

「バスのなかで立ち歩かない」「運転手さんに話しかけない」といったマナーは、ほかの乗り物に乗ったときにも役立ちます。10枚くらいの絵カードに分けて描いて渡しています。

危険

痛みや体調不良に気づかない

生活動作

ケガをしたり熱が出たりすると、人間は不快感や痛みからそれを察知します。けれど、気になる子のなかには、そうした不調に気づけない子がいます。

どうして？

- 暑さや寒さを感知するのがむずかしい
- 肌への刺激の全情報を感じとるため、どれが危険信号かわからない
- 傷みをかゆさで感じるなど、感覚統合のつまずきがある

感覚と認知がつながらない

痛みや不快感は、人間が健康を保つのに欠かせないものです。倒れるほどの暑さや風邪を引くほどの寒さも、不快感があるからこそ、服を着たり、休んだりして対処できます。外部からの刺激は、傷み、かゆみ、寒さ、暑さなどいろいろありますが、そのなかでも自分にとって重要な情報を、人は無意識に選択しているのです。

気になる子のなかには、そうした刺激がすべて同等に入ってきてしまい、どれが自分にとっての危険信号なのかがわからない子があります。「感覚が鋭敏だからこそ鈍い」という複雑な状況です。

サポートの具体例

1 保育者が気づいて声をかける

様子を観察する

いつもより顔が赤くないか（発熱）、トイレに頻繁に行っていないか（腹痛）、歩き方がおかしくないか（ケガ）など、日ごろから子どもの様子をよく観察しておきます。子どもからの訴えがないため、保育者が見ておくことが必要です。

サポートの具体例

2 体温調節のやり方を教える

保護者と協力しながら教える

自分からは不快感をうったえなくても、汗をかいたら着替える、気温が下がったら長袖を着る、日ざしの強いときは帽子をかぶるといった体温調節の方法は教えておきましょう。登園の際の服装や持ち物とも関係があるので、保護者とも話し合っておきます。

違う言葉で言う子もいる

「痛い」を「かゆい」、「暑い」を「きらい」など、違う言葉で表現する子もいます。とくに「かゆい」は多くの子が使うようです。ふだん家でどう言っているか聞いておきましょう。

危険

常同行動が見られる

生活動作

手をひらひらさせたり、くるくる回ったり、ドアを開け閉めするなど、同じ行動をくり返すことを常同行動といいます。気になる子の特徴のひとつです。

どうして?

- 先が見通せず、不安や緊張がある
- ほかにやりたいことがない
- 体に刺激を与えないと安心できない
- 特定の刺激へのこだわりがある

安心するために必要な行動

発達障害の子の特性のひとつに、同じ動きをくり返し続ける「常同行動」があります。体になんらかの刺激を与えることで、不安を取り除き、落ち着こうとして常同行動をとるのだとされています。光るもの、回るものを見続けるときは、目に刺激を与えたいのかもしれません。

初めは手をひらひらさせるだけだったのが、ジャンプをくり返すなど次第に大胆になっていくこともあります。3か月おきに同じクセが現れるといったパターン化も見られます。やめさせようとすると、さらにひどくなることがあります。

サポートの具体例

1 常同行動が始まったら安全を確認して見守る

常同行動が見られたら抑制しない

無理にやめさせようとするとエスカレートすることもあります。また、止めようとして体にふれることが、新たな刺激となってしまうかもしれません。本人もどうすればいいかわからないので、常同行動が見られた場合は、危険なものを遠ざけるなど、安全を確保したうえで、落ち着くまでそっと見守ります。

サポートの具体例

2 次の行動に切り替えさせる

タイミングよく声をかける

興奮がしずまったら、声をかけ、別のことをするきっかけをつくります。また、工作が終わるなどして手もちぶさたになると、何をしていいかがわからずに常同行動に入る子もいます。次のことへ誘導してあげましょう。

サポートの具体例

3 予防策を講じる

原因を分析し、取り除く

常同行動に入る子にはなんらかのきっかけがあります。どのようなときに常同行動が起こるのかを観察しましょう。原因としては、席替えなど環境が変わってストレスを受けた、周りがさわいでいる、テレビで興奮しやすい場面を見たなどが考えられますが、子どもによってさまざまです。原因がわかったら、環境をできるだけ変えない、さわがしい部屋から遠ざけるなど、できるだけ原因を取り除きます。

刺激をやわらげる

興奮しやすいものは見せないようにする、光に反応する子なら日ざしの強い日にはカーテンを引くなど、できるだけおだやかな環境をつくります。また、好きなぬいぐるみを抱かせる、部屋のすみに行くなど、常同行動が始まったときに落ち着かせる方法を見つけておくとよいでしょう。

サポートの具体例

4 不安を取り除く

予定を伝えて、先の見通しがたつようにする

先の見通しがたたないと不安になって常同行動が起こることがあるため、まずはその日の流れや活動の内容を伝えます。いつ、どこで、何をするのか、どのくらいの時間、誰と一緒にやるのか、できるだけ細かく伝えましょう。

安心…

今日は動物園に
行きます。
○○ちゃんと
手をつないでね

サポートのポイント

- ☑ その子が不安なもの、苦手なものを知っておく
- ☑ その子がリラックスできるものを見つけてあげる
- ☑ ほかの子には、「○○ちゃん、くるくる回ってるね。楽しそうだね」と声をかけるくらいにして、あまり気にさせないようにする

ストレスとなるものを避ける

不安や緊張を招きそうなストレスとなることは、なるべく避けるようにします。急な席替えや予定変更、自分のルールやこだわりを制限されることは、大きなストレスとなることが多いものです。なるべくそのようなことがないように配慮します。

One Point 常同行動が起こったとき、周りの子がさわいだりからかったりといった事態が起こらないようにすることも大切です。ほかの子には、その子のクセとして軽くとらえさせるようにし、保育者も気にしない態度を取りましょう。保育者がその子にどう接するかは、ほかの子がその子への接し方を学ぶ機会でもあります。

危険

自分を傷つけてしまう

生活動作

緊張や興奮で、頭を柱にぶつける、腕をかむといった自傷行為をする子がいます。どんな状況になると自傷行為を始めるのか、知っておく必要があります。

どうして？

- 強い刺激でないと安心できない
- カーッとなった頭をしずめている
- どうしていいかわからないため刺激でまぎらわせている

いやなことから逃れようとして起こる

暑い、うるさい、くさいといった不快感を覚えた、ブランコなどの感覚あそびで興奮してしまった、あるいは思い通りにならなくてかんしゃくを起こしたなど、自傷行為の原因はさまざまです。体に刺激を与えて、それらから逃れようとするのでしょう。しかし、これは代償行為というもので、解決したことにはなりません。傷つければ傷つけるほど痛みに鈍感になり、自傷行為がエスカレートすることもあります。

また、意思表示ができず、「いや」と言えなくて、自傷行為をする子もいます。動機に応じた防御策と対処が必要です。

サポートの具体例

1 まずは安全を確保する

ケガをしないよう防衛する

床をたたいたり頭を壁に打ちつけ始めたりしたら、保育者はすぐにクッションや手を間にはさむなどして直接当たらないようにしてあげます。無理にやめさせるのではなく、落ち着くまで見守ります。

落ち着いたらほめて ほかのことに関心を向ける

子ども自身、やめなければいけないことをわかっていることもあります。落ち着いたら、「自分でやめられたね、えらいね」とほめてあげましょう。そうして、子どもの好きな絵本など、別のことに関心を向けさせます。

サポートの具体例

2 自傷が起きにくい状況をつくる

自傷行為が起きそうなことを予測する

いつものパターンと違う、お気に入りの道具がない、自分の思っていたことができないなど、自傷が起きる原因を探りましょう。原因がわかったら、自傷が起きにくい状況をつくることや、自傷をすれば自分の思い通りになると思わせないことも必要です。

One Point

手や腕、爪をかむ子には保護者と相談したうえで、歯がためなどのかみグッズを与えるのも一考です。ふわふわしたクッション、かわりにパンチできる人形なども有効です。

危険

怒りがコントロールできない

生活動作

ささいなことで怒る子がいます。なぜ怒るのか、周りは理解できず、単に「キレやすい子」と見られてしまうこともあります。

どうして？

- こだわりやマイルールを乱されるのがいや
- 怒る以外の表現方法を知らない
- 怒ったら周りが言うことを聞いてくれた経験がある
- いやなことに対処した経験が少ない

気持ちがおさまるまで待つ

感情のコントロールは年齢とともに発達していく能力のひとつですが、年長さんになっても、ささいなことで怒り、床であばれまわったり、泣き叫んだりする子がいます。なかには、何か月も前のことがらを思い出して、むしかえして怒っていることもあります。

まずは気持ちがおさまるまで待ってから、怒っている理由を探ります。理由を聞いたうえで、ダメなものはダメと教えて、怒りのコントロール方法や、怒る以外の表現方法など、気持ちの発散方法を教えていきましょう。

サポートの具体例

1 落ち着かせて別の発散方法を教える

できるだけ予防し、怒りだしたら落ち着かせる

いすをけとばす、床をたたくなど、怒り方は子どもによりさまざまです。かんしゃくを起こしそうな場面に気づいたら、起こす前に声をかけます。好きなものやほかのことに関心を向けて気をそらせたり、お手伝いなどを頼んでみましょう。怒りだしてしまったら、まずは落ち着かせます。手をにぎるなど、スキンシップをとるのもいいでしょう。

落ち着いてから別の発散方法を教える

落ち着いたら、どうして怒っていたのか、その理由を探ります。そのうえで、「○○くんがいつも怒っていると、みんなも悲しいんだよ」とほかの子の気持ちを伝えて、怒る以外の発散方法を教えましょう。お腹に力を入れる、「あっ！」と声を出すなどで、怒りをコントロールできるようにしていきます。「怒りたくなったら教えてね」と保育者に伝えてもらうのもいいでしょう。

サポートのポイント

- ☑ 自分でも何をしているのかわからなくなっているので、おさまるまで待つ
- ☑ その子がどんなときに感情を爆発させるのか、行動パターンを探る
- ☑ 落ち着いているときに、「背中をさわられるといやなんだね」など、その子の怒りの導火線を確認する
- ☑ 怒る以外の発散方法、感情の表現方法を教える
- ☑ 「今日はじっと座っていられたね」など、できているときはほめる

危険

危険な行動をとってしまう

生活動作

道路にとび出す、高いところからとび降りるなど、子どもははらはらした行動をとるものですが、なかには注意しても聞かず、くり返す子がいます。

どうして？

- 注意されても忘れてしまう
- 危険だからこそのスリルにひかれる
- 危ないことがわかっていない
- ボディイメージがつかめず、どう動いたらぶつからないかなどを事前に察知できない

危険な行動をさせない工夫を

道の真ん中を歩きたがる、高い木や屋根にのぼりたがるなど、危険をかえりみずに動く子は少なくありません。そうした子どもは交通事故にあいやすいというデータも出ています。

ケガをしたり、怒られたりして、痛い目にあって成長していくのが子どもですが、気になる子のなかには、注意されても同じ行動をくり返してしまう子がいます。そういった場合には、危ないところには連れていかない、危険な目にあいそうになったら声をかけて回避させるなどのサポートも必要です。

サポートの具体例

1 危険を減らした環境をつくる

園の危険をなるべく減らす

まずは室内を整え、安全にあそべる環境をつくります。危険なものは子どもの手のとどかないところにかぎをかけてしまう、園の門にはかぎをかけて外にとび出せないようにするなど、安全が確保されるようにしましょう。

障害物やのぼれる台をなくす

保育室が散らかっていると、それだけでつまずいたり、転んだりする危険が増えます。あそび終わったらすぐに片づける習慣は、危険を減らすうえでも重要です。また、へいなどの高い場所の近くに、台がおいてあると、子どもはすぐに上にのぼりたがります。高い場所の近くには、とくにものをおかないようにし、また、日ごろから見まわるようにしましょう。

サポートの具体例

2 危険が起こる前に声をかける

個別に声をかける

危険な場面では、そのつど声をかけます。集中力がなく、注意散漫だったり、多動性や衝動性がある子には、とくに注意を払うようにします。園全体で、情報を共有し、危険な場面を見つけた保育者がすぐに注意できる体制をとっておく必要があります。

園で安全指導

子どもたちを集めた安全指導も定期的に行います。人は道路の右側、車は左側を通るといった交通ルールを教えたり、危険な場所を絵にして見せて、みんなで考える機会にするとよいでしょう。

やってもよいことダメなこと

「園庭のお山はのぼってもいいけれど、へいの上はのぼってはダメよ」ということを、「落ちたらケガをするから」など、その理由も含めて伝えます。言葉だけだとわかりにくい場合は、紙しばいのようにして、「この先はどうなるかな？」と危険な状況を絵とストーリーで示して教えます。

One Point 高いところにこだわる子は、がんばってのぼったうえで得られる開放感がたまらないはず。もともと体力、筋力のある子が多いので、園庭のお山やジャングルジムなどであそばせましょう。保護者と相談してロッククライミング、ボルダリングといったスポーツをさせてみるのもよいでしょう。スポーツのなかで消化できれば、とび出しなどは減っていきます。

Part

4

サポートしていく園としての取り組み

「気になる子」を支援するのは、担任の保育者だけではありません。まわりの保育者、園全体、家庭、そして行政と地域が協力して、子どもたちの成長をサポートすることが必要です。

保育者同士の協力体制のつくり方

「気になる子」の支援は、園が一丸となって取り組む必要があります。互いに意識を高め合い、連携して動ける体制が、保育者一人ひとりの取り組みを支えます。

ひとりで悩まない

担任の保育者が、気になる子への対応に行きづまったとき、「自分の保育が未熟だからだ」「なんとかしなければ」などと、ひとりで抱え込み、なかなか周囲に相談できず悩んでしまう場合も多いようです。

しかし、それではその子への支援は進みませんし、クラス全体の保育にも影響が出るかもしれません。保育者の負担も、体力的・精神的に大きくなってしまいます。

それを防ぐために、会議などの時間を利用して、全職員で子どもについて話し合える機会を持ちましょう。園全体で支援する体制を築くことが大切です。

担当の保育者は、いつもその子にかかわり、自分がその子について一番よくわかっているつもりでも、もしかすると偏《かたよ》った視点になってしまっているかもしれません。ほかの保育者らとなるべく多くの意見を交わすことで、視野が広がり、より適切な支援を行うことができるようになります。

保育者が連携することは、ほかの保育者の保育の専門性の向上にもつながるでしょう。また、何よりもその子にとって安心で楽しい園生活をみんなで実現できるのです。

2005年に中央教育審議会から出された「特別支援教育の推進体制整備について」でも、気になる子に対し、早期の発達支援を行うために、園全体の支援体制の整

column

早期の発達支援

発達障害について、学習面や社会性などさまざまな面において、早期支援の重要性が指摘されてきました。これを受けて2005年より発達障害者支援法が施行され、発達障害を持つ人に対する早期支援は国および地方公共団体の責務というとらえ方になっています。

園全体での支援体制の整備

園全体で気になる子や障害を持つ子どもの支援を進めるところが増えています。以下のグラフは公立幼稚園での各項目の実施率です。

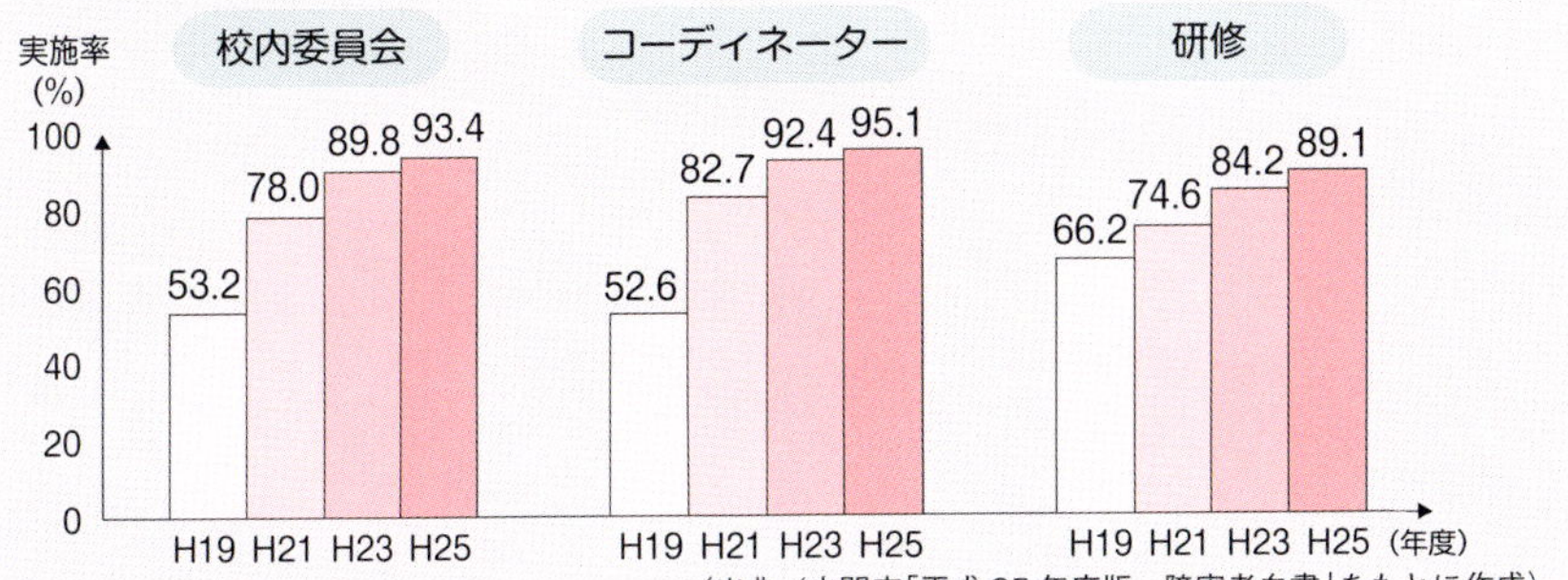

(出典／内閣府「平成 25 年度版　障害者白書」をもとに作成)

備を求めています。

それぞれの役割

園長や一部の保育者だけが主導して気になる子の支援を進めていくような体制は、望ましいといえません。自由あそびなど、子どもたちが自由に、自主的に活動する場面が多い園では、いつどこで何が起こるか予想することがむずかしいからです。担任、園長、加配保育士・加配教諭、特別支援教育支援員（幼稚園）などがそれぞれの役割に責任を持ち、助け合って動く体制をつくりましょう。

担任

気になる子の気になる言動に最初に気づくのは、日々その子に接する担任であることが多いようです。保護者から相談されることもあるでしょう。

担任は様子を見ながら、まずは、実態を把握することにつとめます。その子の様子

【情報共有と守秘義務】

子どもの言動や連絡先などの情報は、園内および巡回相談員などの間のみで共有します。ほかの保護者や外部にはもらさないという守秘義務を、園全体で徹底しましょう。

や、支援を行ったときの状況や結果を園全体に報告することも大切です。また、ほかの保育者に自分の支援方法が適切であったか評価してもらったり、支援方法の資料をつくって共有し、ほかの保育者も同じように支援できるようにしておきます。ときには相談をするのもいいでしょう。大切なのは、依存しすぎず抱え込みすぎず、のバランスです。

小さなことでも成長が見られたら保護者に報告し、喜びを分かち合いながら、園と家庭のパイプ役もつとめましょう。

園長／副園長／教頭／主任

運営側は、園内で園内委員会をつくるなどの組織づくりを進め、支援のための予算の立案、年間計画の作成、人材の配置などを行います。

担任からの報告を全員が聞ける職員会議を定期的に開く、どうすれば解決できるかなど話し合いの場を設ける、担任が週ごとに替わるようなワークシェアリング体制をとっている場合は、引き継ぎを正確にするための連結・報告をして、全員が情報を共有できるようにします。

園内では、自由に発言できる雰囲気をつくるのが望ましいでしょう。キャリアや相性に関係なく、困ったときに遠慮なくほかの保育者にサポートを頼め、頼まれたときには気軽に引き受けられる関係が理想です。

運営面のほか、特に困難なクラスの担任補佐を、園長や主任の保育者がつとめるケースもあります。あまり役割を固定化させず、柔らかい役割分担をして支援を進めている園も少なくありません。

不安や悩みを持つ保護者に対しては専用窓口を設け、園で支援が必要と考えられる子に対しては人員の配置を工夫します。

加配保育士・加配教諭

障害のある子どものために園や学校に配置される加配保育士・加配教諭の仕事は、

column

保育者同士で意見がちがったら

支援を行ううえで、保育者同士で意見が違ってくることもあるでしょう。情報を共有してもなお、食い違うならば、その子の一番近くにいる担任の意見を採用するのが自然でしょう。ただし、担任ひとりが責任を負うことはないように、配慮が必要です。

「気になる子をなんとかその場にいさせる」ことや「常にみんなと同じことをさせる」ことではありません。

たとえばいすに座っていられないときは、保育室の外で付き合ってあげることも必要です。クラス全体に対する指示が理解できない場合は、指示をその子にわかるようにかみ砕いて説明し、実際にやって見せるといった個別のサポートをしていきます。

特別支援教育支援員

特別支援教育の対象である幼稚園で、支援の必要な子に対して、担任の指導の補助などを行います。その役割は教育的支援から日常の生活介助まで広範囲であり、どこまでできるようになることを目指すのかなどは担任と話し合って進めます。現状で特別支援教育支援員が配置されているのは、公立幼稚園のみになっています。

園全体で協力する 支援のイメージ

担任や保護者の気づきをもとに、その子の課題を明らかにし、園全体で支援の方針を共有して保育にあたります。

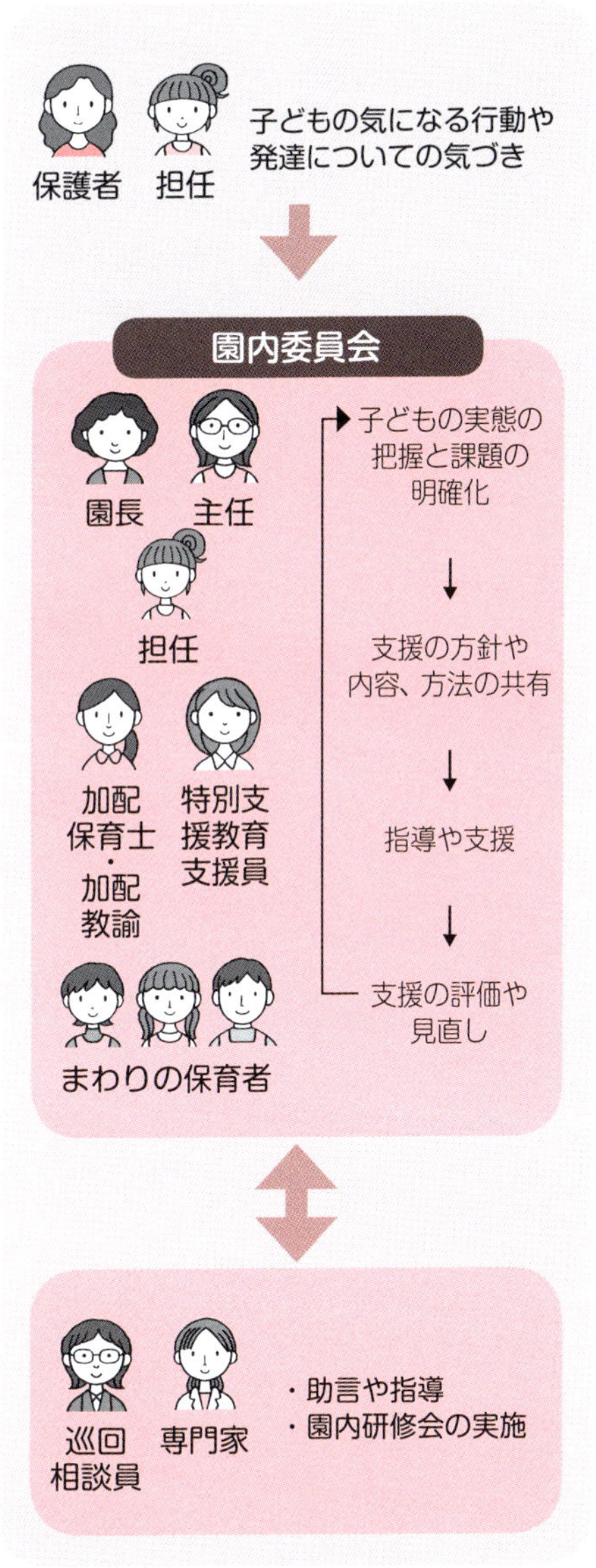

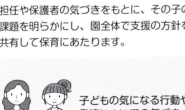

加配の活用と指導計画

子どもに障害が認められた場合、保育者を追加して配置することができる制度があります。制度を活用し、スムーズな支援を行っていきましょう。

加配保育士・加配教諭とは

子どもになんらかの障害があり、特別な配慮が必要であると自治体に認められた場合、障害のある子どもに対して、専任の保育者を追加して配置（加算配置）することができます。その専任の保育者は加配保育士・加配教諭などと呼ばれていて、担任やほかの保育者とともに子どもの支援にあたります。ほかの子の保育も必要に応じて行うため、子どもから見れば「もうひとりの先生」と言えるでしょう。

配属までの流れ

担任ひとりでは気になる子への支援が困難と判断された場合、園は医療機関で診断を受けるように保護者にすすめます。保護者が了承すれば診断と診断書作成が行なわれ、障害が認められると、自治体を通じて補助金と「もうひとりの先生」、加配保育士・加配教諭がつくことになります。

診断書が不要な自治体もあれば、補助金が出なくても独自の采配で保育者をつける園もあります。いずれにしても、子どもが医療機関で受診をすることが前提です。

保護者とのかかわり

発達障害児が在籍する園が珍しくなくなった今、そういった子どもたちを支援するために多くの加配保育士・加配教諭が配置されています。しかし、加配の補助金を申請する書類には診断名などが明記されて

【加配保育士・加配教諭の条件】

加配の条件は園によって異なり、保育士や幼稚園教諭の資格を求めるところ、資格も経験も問わないところなどさまざまです。また、担任ひとりでは大変ではあるけれど加配もつけられない場合は、当該児の保護者につきそいを頼むケースもあります。

しまうため、「加配＝わが子が障害児だと公に認めてしまうことになる」と考え、医療機関の受診を拒否する保護者も少なくないようです。

成長がいちじるしく、また人間形成に重要な乳幼児期から支援を始めることが重要なこと、同世代の子どもたちと一緒に過ごすことで、よりよい支援ができ、また成長が期待できることなどを、園は保護者にきちんと説明する必要があるでしょう。

加配保育士・加配教諭の活用例

加配保育士・加配教諭の役割は、子どもと担任、子どもと子どもとのかかわりの橋渡しといえます。子どもが製作にとまどっているとき隣に座って道具の使い方を教える、担任の指示をかみくだいて伝える、危険なことや乱暴なことはダメと教え、ルールを守ることや具体的にどのように行動したらよいかを教えるなどします。

加配保育士・加配教諭は もうひとりの先生

加配された保育者は、担任やほかの保育者と協力して、気になる子と気になる子のいるクラス全体の支援にあたります。

加配保育士・加配教諭が個別の指導をしている間、担任の保育者はほかの子どもを指導することができるので、クラス全体をスムーズに動かしていくことができます。

　ただし、その子の担当は、あくまでもクラスの担任の保育者です。子どもがいつも近くにいる加配保育士・加配教諭の言うことしか聞かないということにならないよう、担任の保育者は自身でもしっかり指導し、コミュニケーションをとりましょう。また、子どもが何かできたときのほめ役は担任がするなど、役割分担も決めておくのもよいでしょう。加配保育士・加配教諭は担任と情報共有をしっかりと行うようにし、支援の方針や方法を統一しておきます。

その子に合わせた指導計画を

　文部科学省が定める「学校教育法」に2007年から、「特別支援教育」が盛り込まれ、そのなかで、障害のある幼児・児童・生徒については、「個別の教育支援計画」と「個別の指導計画」を作成することが明記されています。厚生労働省の定める「保育所保育指針」においても、発達段階が気になる子においては、個別の指導計画が必要であると述べています。

　計画には目標が必要ですが、厚生労働省では、その目標を「ほかの子どもと共に成長していけること」としています。「その子に合った個別の支援を行う」という気になる子の支援方法と矛盾を感じるかもしれませんが、将来、ほかの子どもと一緒に生活し、学べるようにするために、乳幼児期に個別の支援を行う必要があるのです。

　しかし、その目標を達成することは簡単なものではありませんし、支援には時間がかかります。だからこそ、一つひとつ階段をのぼっていく過程が見えるような「計画書」が有効になります。さらに計画書の作成は、保育者の子どもを見る目を養うこと

「個別の指導計画」と「個別の教育支援計画」

個別の指導計画は、子ども一人ひとりの教育について、指導目標や指導内容・方法を盛り込んだ指導計画のこと。学期ごと、学年ごとなどに作成され、それにもとづいた指導を行います。

個別の教育支援計画は、他機関との連携を図ることを目的とした、長期的な計画で、障害のある子ども一人ひとりについて、乳幼児期から学校卒業後までの一貫した長期的な計画を学校が中心となってつくるもの。関係機関や保護者が一体となってつくる必要があります。

にもつながっています。

目標はさまざまでよい

個別の指導計画書は、その子に合わせてつくります。まずその子のできることとできないことを整理しましょう。できないことがわかったら、その子なりの目標と支援方法を考えます。たとえば、意思表示がむずかしい子なら、あそびの時間のお店屋さんごっこのときに、「ちょうだいを言えるようになる」といった目標が立てられるでしょう。さらに、その子がどの段階からできるかを考え、保育者と一緒に言う、お友だちと一緒に言う、ひとりで言ってみる、などその子に合わせた目標を設定します。

いざ目標を立てようと思っても、すぐにはつくれないものです。37ページで紹介した行動支援表は、指導計画を立てるときにも役立ちます。ぜひ活用してください。

個別指導計画 つくり方とその活用

その子を間近で見ている担任が中心となって園長や主任の助言を受けつつ作成するのが、情報共有にもなり、望ましいとされています。

①子どもの実態を把握する

↓

②長期の目標を立てる

↓

③短期の目標を立てる

↓

④具体的な支援方法を考える

↓

⑤定期的に支援方法を見直す

個別指導計画

長期目標の書き方

個別指導計画の作成は、まず年間の指導目標を立てるところから始まります。子どもの現在の状況を考えながら、１年間でできる目標を立てましょう。

個別の指導計画（年間）

園児	園長氏名	作成者	作成日
４歳　○○○○	○○○○	○○○○	平成○年○月○日

長期目標	①身のまわりのことが教員の助けを借りずにできる ②友だちと一緒に行動できる
本年度の目標	①毎日の着替えやお片づけができるようになる ②教員や友だちと好きなあそびを楽しむ ③当番活動が友だちとできる

領域		幼児の様子	年間指導目標
内容・活動	聞く・話す・見る	•集団では難しいが、個別に指導されると教員の話を理解できる •人が話している途中でも周りに話しかける	•教員や友だちの話を落ち着いて最後まで聞く
	運動・身体	•ひとりであそんでいることが多く、身体を動かすのが苦手	•身体を十分に動かし、苦手なことにも取り組む
	描く・つくる	•はさみやのりなどの道具を使う製作をやりたがらない •すぐに立ち歩こうとすることが多い	•いろいろな道具を使って製作に取り組む •製作に集中できる時間を長くする
	人間関係	•思う通りにならず友だちをたたくことがある	•言葉で意思表示し、友だちとの関係をスムーズにする
	生活面	•使ったものをそのままにしてしまうことが多い	•片づけができるようになる
その他		•積み木やブロックあそびを好む •電車の絵本をよく読む	•友だちとあそぶことを楽しめるようにする

目標は、園内委員会など、園全体で検討したり、保護者や関係者の意見も参考にして作成します。個別の教育支援計画を作成している場合は、目標を転記します。

１年間で達成できると考えられる目標を立てることが大切です。

目標や必要に合わせて、項目をわけて書きます。

１年間で達成できると考えられる目標を、各項目についてできるだけ具体的に書きます。

指導を始める前の状態について具体的に記入します。幼児の好きなこと、苦手なものなどについても書いておきましょう。

個別指導計画 中期目標と評価

年間指導目標をもとに学期ごとの目標を設定します。具体的に設定し、また学期ごとに評価し、必要に応じて、目標や指導方法を見直していきましょう。

個別の指導計画（１学期）

園児 ４歳　○○○○ （２年保育）	園長氏名 ○○○○	作成者 ○○○○	作成日 平成○年○月○日

領域	学期の指導目標	指導記録					
		支援の手立て	評価				
			目標	内容	方法	指導の経過と評価	次学期の検討課題
聞く・話す・見る	•いすにきちんと座る •話を最後まで聞く	•いすに足を置く台をつけ座りやすくする •立ち上がろうとしたときには、教員が声をかけ、座るように促す	3	3	2	•いすに座れる時間が長くなった •話の途中でも、教員に自分のことを聞いてもらおうと話し出す	•話を短く区切る
運動・身体	•運動あそびに親しむ	•歌に合わせて体を動かすところから始める	4	4	4	•歌いながら、補助員と一緒に身体を動かせた	•好きな歌で、主体的に身体を動かせるようにする
描く・つくる	•はさみで直線と曲線が切れる •製作に打ち込む時間を長くする	•補助員が隣について、はさみの使い方を教える •切り取り線を太く描いて見やすくする	3	3	3	•はさみを使って直線が切れるようになった •集中が続かず、すぐにやめてしまうことがあった	•はさみを使って曲線を切れるようにする •一度に説明するのでなく、細かく指導する
人間関係	•ものを借りるときに「貸して」と言う	•黙って借りたときは、なんと言えばいいのか問いかける	3	2	2	•貸してと言えばよいことはわかったがとっさに出ない	•ごっこあそびの中で「貸して」の練習をする
生活面	•自分のものを片づける	•持ち物とロッカーにマークをつける	3	3	3	•声をかければできるようになった	•声かけを少しずつ減らす

長期目標を踏まえた、その学期の目標を立てます。幼児の様子をもとに、具体的な目標を記入します。

学期末に評価します。指導者が自分の指導や支援を振り返り、指導の方法の見直しに役立てます。指導がうまくいかなかったり、思うように成果が出なかった場合は、目標や指導内容、方法を見直します。

学期末の時点で、何がどこまでできるようになったかを記入します。

次の学期の目標や指導方法について検討した結果を記入します。検討は、園内委員会など園全体で検討するとよいでしょう。

支援の手立てはできるだけ具体的に記入します。

子どもを支援するチームをつくる

気になる子を園全体で支援していくためには、チームをつくって対応するのが望ましいでしょう。年間計画に沿って人員と役割を決め、ブレがないよう組織化していきます。

園内委員会の設置

気になる子への対応について、担任が園長や教頭に働きかけて、関係機関と連携をはかっていく方法もありますが、近年は多くの園で園内委員会や事例検討会等の設置が進められています。園内委員会は、支援が必要な子どもの実態把握や、個別の指導計画の作成・評価・見直し、保護者などとの連携を進めていくほか、支援が必要な子どもの早期発見を行います。

委員会として組織化することで、個々の役割が明らかになり、また定期的に活動することで、よりよい支援が実現するなど、成功例も報告されています。

委員会の構成例

・園長……最終的な意思決定、責任者
・教頭・主任など……委員会運営の調整、会議の設定
・特別支援教育コーディネーター（幼稚園、こども園）……保護者との相談窓口など
・担任……支援を必要とする子どもたちの実態把握と指導、保護者との連携

情報共有のための資料

支援の方針に「見本」はなく、子どもそれぞれに応じた対応が必要です。チームが情報を共有できるよう、そして園の取り組みが積み重なっていくよう、資料を作成します。情報がもれやすい電子データの扱いにはくれぐれも注意し、必要があれば、個

【特別支援教育コーディネーター】

保護者からの相談の窓口役のほか、園の実態に応じて担任を増やすなどの調整を行う教員のこと。幼稚園、こども園、小学校に1名から複数名が指名され、園内や学校内の特別支援教育に関する連絡調整を行い、外部機関との連携や保護者からの相談も受ける役割を担っています。

園内委員会の 年間活動例

１年間、園での活動や行事とともにチームは動き、半年ごとに支援計画を見直します。

月	主な内容
4月	園内委員会の組織発表・年間指導計画の策定／安全点検と環境整備
5月	気になる子の実態把握と支援方針の策定
6月	学級の実態把握と支援方針の策定／個別の指導計画の策定
7月	気になる子の支援経過の確認と、夏休みの過ごし方について保護者との連携
8月	職員合同研修開催／関係諸機関との連携
9月	年間指導計画の中間報告と反省／年長児への就学支援開始
10月	巡回相談予定／保護者との情報交換
11月	支援の経過把握と年間計画の見直し
12月	年長児の就学に関する今後の取り組みについて
1月	園外研修／他園との交流会への参加
2月	小学校への引き継ぎ／関係機関との連携
3月	園内委員会の取り組みの経過報告と今後の課題について

人情報保護についての研修会も設けます。

資料には次のようなものがあるでしょう。

・児童家庭調査票
・児童健康調査票
・健康診断記録票
・成育支援ファイル
・保育日誌
・個別保育日誌
・生活記録簿
・連絡ノート
・保健日誌

チームでクラス全体を支援する

気になる子がいる場合、注意したいのは、保育者がその子にかかりきりにならないようにすることです。

４歳くらいまでの子は成長段階がさまざまで、手先が不器用な子も、行動が突発的な子もおり、全員が気になる子であるともいえます。子どもは互いに影響されながら育ち合っていくので、クラス全体を丁寧に見るようにしましょう。

その子への直接の指導は担任が行い、その子がいることで派生した二次的な出来事には主任や特別支援教育コーディネーターが対応するなど、役割を分散させましょう。

加配保育士・加配教諭、副担任の役割

支援を必要とする子には、個別支援をするために、加配保育士・加配教諭や特別支援教育支援員、副担任がつくことがあります。しかし、その子を助けるのはもうひとりの先生の役目、とほかの子たちが認識してしまうと、子どもが積極的にその子を助けていく機会をなくしてしまうかもしれません。周りの子どもたちにも、困っているお友だちがいたら助けてあげようと、協力を促していくことも大切です。互いに協力することで、自然と気配りや思いやりの心が生まれ、クラス全体で成長していけるでしょう。

column

二次的な出来事

何かをきっかけにけんかが起こる、保護者からのクレームが来るなど、波紋が広がってしまうことがあります。担任の保育者だけでなく、チームで対応することが必要です。

チームで共有する
情報共有のための資料

園で独自に作成するほか、様式を配布している自治体もあります。日々の小さな変化も記録は必ず残しましょう。回覧後は園長が最後に見て助言するなどして情報をいかします。

入園時

資料名	内容	記入者と渡す対象
児童家庭調査票	家族構成、保護者の就労状況、住居環境など	保護者→園へ
児童健康調査票	出産時の身長および体重、既往歴、歩行開始時、予防接種の有無、現在の健康状況など	保護者→園へ
健康診断記録表	1歳、2歳、3歳など節目ごとの健康診断結果。歯科検診含む	医療機関→保護者→園
成育支援ファイル	乳幼児期から就学まで成長の記録や気になることを書き綴れるもの。	保護者→必要に応じて園や医療機関、療育センターなどに渡す

在園中

資料名	内容
保育日誌	行事、天候、出欠人数、保育者の指導内容、反省点など
個別保育日誌	配慮の必要な子どもの様子、変化、保育者の工夫など
生活記録簿	月一回など日をおいて作成。子どもの成長過程を振り返る
連絡ノート	保護者と園で子どもの様子を伝え合う。家庭との連携に必須
保健日誌	園の看護士が記入。睡眠時間チェック含む

子どもにやさしい環境づくり

集団生活の場では、何がどこにあるかがわかりやすく、動きやすい環境が求められます。落ち着きのある空間は、どの子にとっても、毎日の活動をおおいに助けてくれます。

集中しやすく、わかりやすく

広い庭のある園、住宅街の一角で常ににぎやかな音が入ってくる園、子どもが走り回れる運動場がある園など、園の環境はさまざまです。ここではどんな園にも共通する注意点について述べていきます。

コーナーを区切る

あそんだり、製作をしたり、歌ったりと、園ではさまざまな活動が行われます。活動の内容や目的ごとにコーナーをつくると、何をするかがわかりやすく、そこで行う活動への心構えができるようになり、毎日の習慣づけもしやすくなります。

製作コーナーには道具箱を置くなど、コーナーごとに用具はまとめて置いておきましょう。動線が短くなって、活動がスムーズに進められるほか、子どもがぶつかる事故も防げます。

可動式衝立で柔軟に対処

行事の練習など、広いスペースが必要になることもあるでしょう。移動可能なキャスターつきの家具や衝立なら、目的に合わせて移動してスペースの形を変化させることができます。保育者の思いつきで変えるのではなく、季節ごとに模様替えするなど決めごとをつくり、順次変化させていくと、子どもの五感にもよい刺激になります。

流れを絵で示す

お集まり、自由あそび、お昼ごはんと

ユニバーサルデザイン

能力や年齢にかかわりなく誰でも使えるよう配慮したデザインをユニバーサルデザインといいます。教育や保育においては、一部の子どもだけでなく、すべての子どもにとって有効な環境や教育、保育のあり方を指します。

いったスケジュールに合わせて子どもは場所を移動します。順路を覚えていなくてもスムーズに動けるよう、一連の流れを絵で示してもよいでしょう。トイレへの道順などは、床に矢印を貼っておくと、あわてているときでも視界に入ります。

危険がないようにする

子どもに優しい環境づくりとともに、気になる子がいてもいなくても、安全確保と安全教育は園における最重要課題です。

転倒や衝突、落下、はさまれ事故など、園で起こりうる事故について職員全員で意見を出し、防止策を話し合います。事故防止マニュアルを作成し、必要に応じて改めます。万が一、事故が起きたときの対策も話し合っておきましょう。

また、日頃から子どもたちにも危ないこと、気をつけること、いけないことをわかりやすく伝え、考えさせることも大切です。

入園前に

園の生活を体験

初めての集団生活は、どんな子も不安なものです。入園前に、園内の施設の見学や園の生活を体験できる機会を設けると、親も子も安心です。

トイレは自然の光を取り入れて、できるだけ明るくなるようにします。

トイレのドアにキャラクターなどを貼って楽しめる工夫をします。

待つ場所をわかりやすくするために床に足型を描いておきます。

おままごとコーナーは、誕生日やひな祭り、七夕、クリスマスなど、いろいろな設定であそべるようにします。

何を片づける場所かがすぐにわかるように、写真や絵を貼っておくのもよいでしょう。

棚を使って空間を仕切ります。

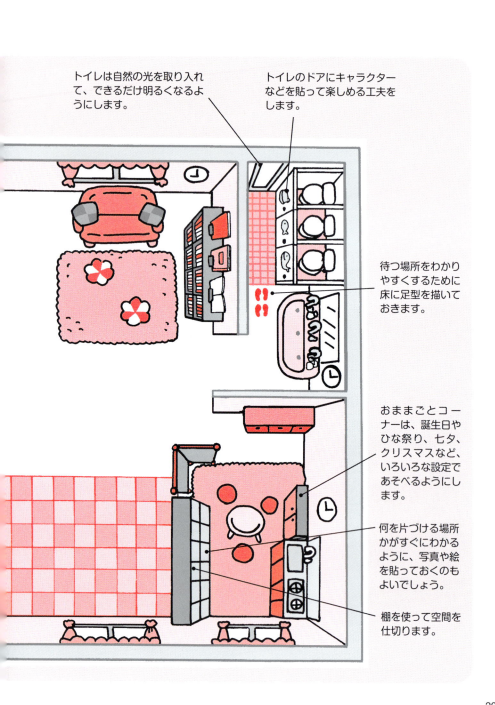

子どもにやさしい 園の環境づくり

いつ、どこで、何をするかがわかりやすいように、動線を工夫します。そういった工夫で、子どもが自分で考えて行動できるようになっていきます。

一日の流れをわかりやすいところに貼っておきます。

可動式の衝立は、空間を仕切るのに便利です。行事の練習をするときなどは、移動して広い空間をつくります。

お集まりに集中できるように窓にはカーテンをつけておき、活動によって、開けたり閉めたりします。

朝かばんから出して、夕方持って帰るコップやタオルは、かばんを置く場所の近くに置けるようにします。

朝の出欠のスタンプやシールは、すぐできるように入口の近くにおいておきます。

自由あそびのコーナーにはいろいろなおもちゃを置いておきます。どんぐりなど自然のものも置くといいでしょう。

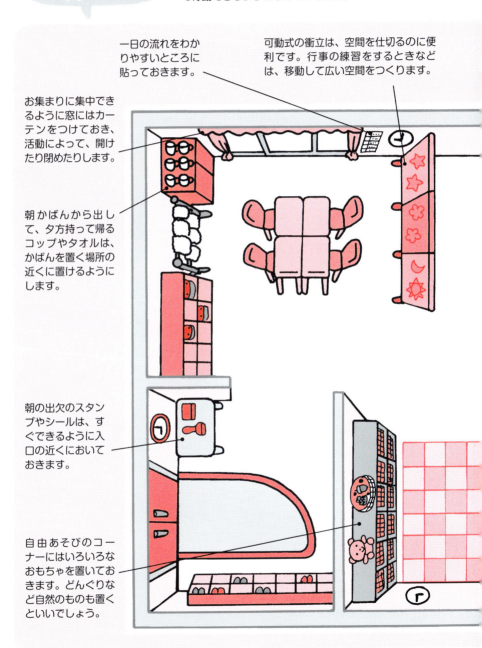

子どもの理解や活動参加を助ける

気になる子も、ちょっとした配慮や工夫で、集団のなかで学んだり、お友だちと仲よくあそんだりできるようになります。日常のなかでできる工夫を見直してみます。

主体性を育てる、日常での工夫

気になる子を支援するにあたって、保育者が目標とすべきことは「ひとりでできるようにする」ことです。毎日の生活習慣やルールを理解して、子どもが主体的に活動できるようになるためには、次のような工夫が欠かせません。

予定を立てる

8時にお集まり、9時に自由あそび、10時にお着替えといったスケジュールを立て、先の見通しを持てるようにします。また、毎日やることは、できるだけ時間や場所を変えないようにし、子どもが習慣にできるように工夫をします。

視覚に訴える

言葉だけでの説明は聞き取れなかったり、聞きもらしたりしがちです。乳幼児期はとくに言葉の発達の差が大きいので、できるだけ視覚化します。毎日の予定や片づける場所、移動のときの動線も、マークや絵カードなどで見てわかるようにします。

支援の度合いを見極める

いつも保育者が手助けをしてしまったら、子どもが自分ではやらなくなってしまうかもしれません。少しだけ手伝うのか、やり方だけを教えるのか、あるいは子どもが自分でやるのを見守るのか、保育者はどこをどのくらい支援すべきかを見極める必要があります。

column

たくさんほめてやる気を引き出す

「ありがとう」「できた」「大丈夫」「がんばった」などの肯定的な言葉や態度は、子どもとの信頼をきずき、やる気を引き出すのにとても大切です。立ち歩かなかった、お友だちをたたかなかったなどのよい行動は見のがさないようにし、たくさんほめましょう。

集団生活での工夫

多くの子どもにとって、園は初めての集団の場です。少しずつ集団のなかに溶け込めるように工夫していきましょう。

①保育者とのかかわり……保育者と一対一のかかわりが持てるようにします。まずは保育者との信頼関係をつくります。

②2〜3人であそぶ……保育者と信頼関係ができたら、お友だちとあそべるように仲立ちします。人とのかかわり方のルールなども教えていきましょう。

③集団のなかへ……集団のなかでは、個別に支援する必要が出てくるでしょう。保育者と手をつないであそびに入るなど、みんなと一緒に活動できるように工夫をします。製作のときに、粘土が苦手なら、ブロックで同じものをつくる、人が集まる場所が苦手なら、少し離れたところで参加するなど、参加の方法を工夫することも大切です。

今すぐできる

視覚でわかる工夫

ちょっとした工夫で、子どもも理解しやすくなり、主体的にやろうとするきっかけになります。

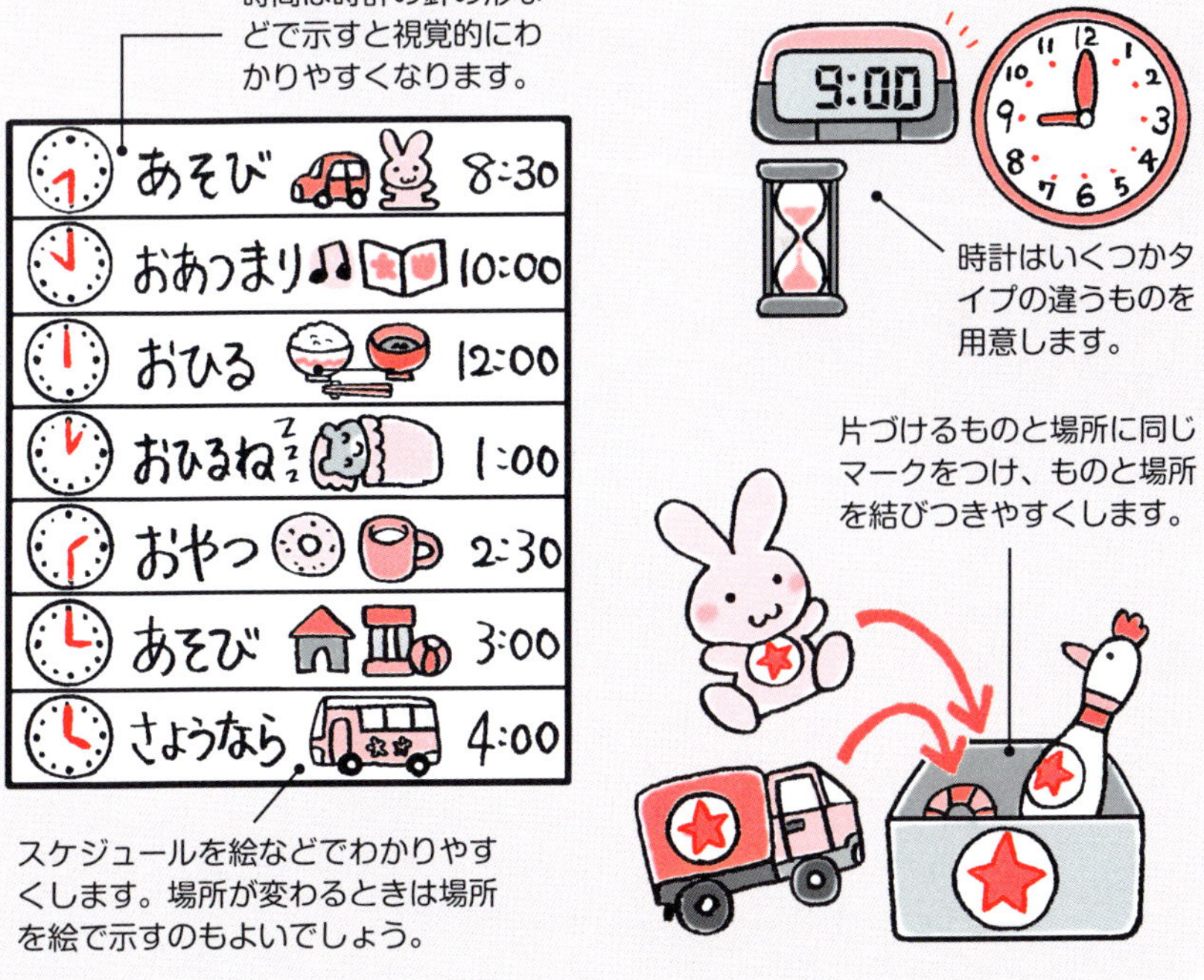

時間は時計の針の形などで示すと視覚的にわかりやすくなります。

時計はいくつかタイプの違うものを用意します。

片づけるものと場所に同じマークをつけ、ものと場所を結びつきやすくします。

スケジュールを絵などでわかりやすくします。場所が変わるときは場所を絵で示すのもよいでしょう。

第三者機関を活用しよう

気になる子の支援においてどんな行政サービスが受けられるか、知っておきましょう。保護者に助言するほか、園が第三者のアドバイスを受けることもできます。

地域が支える子どもの育ち

気になる子の支援は、厚生労働省が中心となって行う「福祉」と文部科学省が中心となって行う「教育」の2つの面から行われています。

福祉

　2012年より児童福祉法が改正され、それまで市町村と都道府県がそれぞれで行っていた福祉サービスが一本化され、現在は市町村が児童福祉法にもとづいて障害児通所支援を行っています。具体的には、児童発達支援、医療型児童発達支援、放課後等デイサービス、保育所等訪問支援があります。

・児童発達支援……日常生活での基本的な動作の指導、適応訓練などを行う
・医療型児童発達支援……発達支援と治療を提供する
・保育所等訪問支援……保育所等を定期的に訪問し、子どもが園になじむためのアドバイスを保育者に行う
・放課後等デイサービス……支援が必要な児童・生徒に、放課後や夏休み中に生活の質を向上する訓練や地域交流を行う

教育

　文部科学省や教育委員会もまた、特別支援教育の推進と「幼保小連携」の観点から、気になる子への支援を進めています。

・小学校通級指導教室……言葉の教室とも

【児童発達支援センター】

児童福祉法の改正を受けて各市町村は、保育と療育が一体化した「児童発達支援センター」を設置し、日常生活における基本動作の指導、自活に必要な知識と技能の付与および集団生活への適応訓練を行っています。訓練に併せて治療を行う「医療型児童発達支援センター」もあります。

園が仲介する
子育て支援

園が関係機関と連携するにあたっては、保護者の了承が前提になりますが、園が主導しなければならないケースもあります。

呼ばれる。小学校で行われている、発達の遅れが見られる子どものための指導教室。発達の遅れが見られる就学前の子どもも受け入れている

福祉と教育の連携

発達障害や気になる子の支援について、これまでは「福祉」と「教育」が別々にサービスを行っていました。しかし、両者が連携して地域全体で支えていこうという動きが一部の自治体ですでに始まっています。今後このような動きはいっそう強まっていくことでしょう。各自治体で行われているサービスについて、情報を収集しておくことが大切です。

巡回相談を利用する

心理職の専門家などの専門家が園に出向いて子どもの様子を観察したり、場合によっては保護者とも面談したりすることを「巡回相談」といいます。

巡回相談は、自治体によって福祉サービスの一環として、行われているところもあれば、特別支援教育推進事業のひとつとして、特別支援学校などが中心となって実施しているところもあります。

相談を要請するのは園からであり、事前に、子どもの発達の様子、どこに困っているかなど相談内容を具体的に記した相談票を書きます。また、園が児童相談所などに相談した結果、巡回相談が設定されることもあります。

巡回日には、「見てほしいシーン」を設定するのではなく、できるだけありのままの姿を見せましょう。他者の訪問で子どもの様子が変わってしまうこともあるので、子どもの製作物なども用意しておきます。

心理職の専門家は心理の視点から子どもの実態把握をしています。そのため、保育者とは違った視点からの意見を聞くことができ、支援の幅も広がるでしょう。

【幼保(こ)小の接続】

幼児期から児童期の発達を見通しつつ、5歳児のカリキュラム（幼児期）とスタートカリキュラム（小学校）を一体的に捉える取り組みが行われています。地域の幼児教育と小学校教育（低学年）の関係者が連携して、カリキュラム・教育方法の充実、改善を行い、幼児期から小学校へのスムーズな接続をはかっています。

専門家の助言をもらえる 巡回相談

巡回相談で現状に即したアドバイスをもらうためには、準備も大切です。巡回相談までの流れを知っておき、相談票を提出する場合は、現状を正確に記入するようにしましょう。

●実施までの流れ

園が発達支援センターや障害福祉課などに要請

↓

巡回の日程が決定

↓

毎日保育にかかわっている担当者が相談票を提出

↓

巡回者は園の規模や加配保育士・加配教諭、連携機関の有無などを調べる

↓

巡回者が現状に即したアドバイスを授ける

●相談表の書き方

巡回相談票	
園名	○○幼稚園
記入者（園児との関係）	○○○○（担任）
対象児名・所属	○○○○（男）３年保育年中組（４歳）
これまでの巡回相談の実施状況	支援学校地域支援担当○○先生が平成○年○月に訪問。運動が苦手なため、園でどのように支援していくかアドバイスをいただいた。お遊戯を無理強いするのではなく、移動中に先生とスキップするなど、活動のなかで取り入れるようにしている。
幼児の様子（興味・関心、学力、行動の特性など）	●トイレはできるようになったが、偏食が激しく、家庭でも困っている様子。 ●担任の指示は理解できるが、自分から話しかけることはほとんどない。 ●数字に関心は示すが、スケジュール通りには動けない。
相談したい内容	●偏食は、運動量が少なくおなかが空かないことが原因と思うが、どうか。どのように対応すればよいか、相談したい。 ●積極的にお友だちとあそんだり周りに話しかけたりできるような、きっかけをつくりたい（積み木あそびなど、ひとりあそびしか今のところ興味を示さない）。 ●家でもひとりでテレビを見ている時間が多いようなので、保護者にどう働きかけるかも相談したい。

すでに保育のなかで工夫していることがあれば書いておきます。

子どもの様子はできるだけ詳しく書きます。

課題となっていることだけでなく、興味があることについても把握し、記入しておきます。

原因が推測できる場合は、書いておきましょう。

家庭で困っていること、家庭での様子がわかる場合は書いておきます。

広がる保育者の役割

少子化や核家族化にともない、家族のありようが変わりつつあります。「子育ての仕方を教えてほしい」と願う保護者も多く、保護者への支援も園の重要な課題となっています。

子どもを取り巻く環境の変化

子どもを取り巻く環境は、ここ十年から二十年で大きく変化しました。子どもの数が減り、大勢であそぶ機会が少なくなったこと、治安の問題や安全面への配慮から空地が少なくなったこと、公園の遊具が撤去され、活発にあそぶ機会が減ったことなどがあげられます。かわりに、インターネットをはじめとした、デジタル環境が充実し、室内であそぶ子どもが増えています。また、プライバシーの保護などの面から地域のつながりが減り、地域で子どもを育てる感覚も薄れつつあります。

あいさつをしない、人と目を合わせない、集団でのルールを知らないなど、気になる子の多くの共通点となる問題は、そうした子どもや家庭を取り巻く環境の変化から生まれている、という見方もあります。

そうしたなかで、周りに相談できる人がいないことなどから、「どう育てたらいいかわからない」「子どもに何を食べさせたらいいかわからない」と悩む保護者が増えています。「園に行けば、なんとかしてくれる」と、園に過剰な期待をしてしまう保護者もいます。

園だからこそできる支援

こうしたなかで、保護者が園にかける期待や要望も複雑で多様化しています。「お

【多様化する保護者への対応】

保護者の要望も多様化しており、一律の対応では難しくなってきています。家庭の状況が多様化しているだけでなく、保護者自身が疾患や問題を抱えている場合もあります。保護者の特性に応じて適切な対応や配慮が求められます。

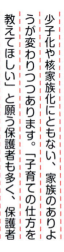

はしは危険なので使わせないでほしい」あるいは「園でおはしの持ち方を教えてほしい」、「汚れるので泥遊びはさせないでほしい」あるいは「園では元気いっぱいあそばせてほしい」といった正反対の要求がなされることもあるでしょう。

いずれにしても、子どもを愛し、他者に預けるのが不安だからこその要求であることを理解しておきましょう。そのうえで、ひとりの子どもを見守る子育てと、集団のなかで子どもを見る保育とは別物であること、同年代の集団のなかだからこそ学べることがあるのだということを、文書や個別相談で丁寧に説明していくことが必要でしょう。

そして、園での生活は、保育のプロである園と保護者に任せてもらえるよう、信頼関係を築いていきましょう。さらに、保護者に家庭でできることをアドバイスし、協力体制をつくっていきます。

子育て環境の変化と 保育の役割の拡大

子育ての環境が変わり、保護者の負担や責任はますます増えているといえます。それにともなって、保育者や園に求められている役割も拡大しています。

子どもを取り巻く環境の変化

- 核家族化など家族形態の変化
- あそび場所や遊具の減少
- 近所づきあいなど地域のつながりの希薄化
- 子育ての精神的・経済的負担の増大　　など

↓

子どもの精神的・身体的発達への影響

↓

保育者や園に求められる役割の拡大

- 子どもへの保育・教育
- 保護者への支援
- 地域の子育て支援

保護者の気持ちに寄り添う

気になる子でも、そうでない子でも、保護者とのかかわりは重要です。保護者の悩みや困難を受け止め、寄り添うことも子どもへの支援につながります。

家庭は子どもの基盤

子どもたちの人間形成に大きな影響を与える乳幼児期。園はこの時期の生活の一部を担っていますが、子どもに最も大きな影響を与えるのは、生活の基盤である家庭、つまり「保護者」です。ですから、子どもの支援をするには、保護者の支援も欠かせません。

少子化や核家族化、ご近所づきあいの希薄化などから、保護者は子育てのしづらさや悩みを抱えがちです。インターネットや書籍には子育てに関する情報があふれていますが、保護者が求めているのはマニュアルではなく、自分の子どもへの対応です。

保護者との信頼関係を築く

「子育てに自信が持てない」「私には子どもが手におえない」「この子のためにいろいろなことをしても、私の気持ちが通じていないように感じる」……。

多くの保護者がそのように感じたことがあるでしょう。とくに気になる子のなかには、意思表示などのコミュニケーションが苦手だったり、視線が合わなかったり、保護者も含めて人に興味を示さない子もいます。日々接する保護者は、複雑な思いをめぐらせていることでしょう。

子どもとの接し方だけでなく、周囲の目を気にしていたり、家族を含む周りの理解

column

親にもさまざまなタイプがいる

気になる子の保護者のなかには、現状を子どもの個性と思うようにしている人、受け入れようとしない人もいます。また、子どもの発達を気にしすぎて、神経質になってしまう人もいます。親のタイプを見きわめて、適切な対応をすることが求められます。

を得られずに苦しんでいたりすることもあります。

　また、発達障害の診断を受けたとき、ほとんどの保護者はすんなりそれを受け入れられません。一般的に、次のような段階を踏んで受け止めていくとされています。

・ショック「何も考えられない」
・否認「診断が間違っている」
・悲しみと怒り「どうしてうちの子が」
・適応「この子の親は自分しかいない」
・再起「できることをすべきだ」

　この5つの段階すべてで、園や保育者は保護者を支援していく必要があるでしょう。

　保護者と信頼関係を築くには、まずはそのような相手の背景や心情に配慮し、その声に耳をかたむけ、十分に話を聞くことから始めます。

　保護者の不安を理解し、寄り添おうとする姿勢を続けていくことで、信頼関係につながっていくでしょう。

時間がかかる「受容」

「気になる子」が発達障害であるという診断を受けたとき、保護者が受け入れるまでに時間がかかります。

地域の療育機関に相談に行ったり、周りの人に話したりすることができる「再起」の段階に達するまでには、時間がかかることを知っておきましょう。また、再起したと思われる保護者にも、その時々において感情のゆれがあることを理解して見守りましょう。

保護者との接し方

気になる子の保護者は、子育てに強い不安や苦労を感じていることがあります。保育者は「子どもの理解者」として、ともにその子の育ちを考える姿勢で接していきます。

子どものいいところを伝える

多くの保護者は、わが子が集団生活にうまく適応しているか、大きな期待と不安を持っています。

そんななかで、保育者から「今日はお友だちにこんなことをしてしまいました」「今日はこれができませんでした」などと、子どもが起こしたトラブルやできなかったことだけを聞かされたら、保護者はどんな気持ちになるでしょうか。

自分の子育てを責められた気持ちになり、心を閉ざし、相談したいという気持ちもなくなってしまうでしょう。

まずは保護者と信頼関係を築くことです。そのためには日々の声がけが大切です。

できたことを伝える

保育者は保育のプロです。子どもの発達の知識を持ち、たくさんの子どもたちと日々接している保育者だからこそ気づける、その子のよさや成長があるでしょう。

子どもの園での様子を伝えるときには、「今日はお片づけが上手にできました」「泣いているお友だちに優しく声をかけてあげていました」など、よかった場面を積極的に、具体的に伝えることも大切です。

園の対応を伝え協力をあおぐ

気になる行動の事実を伝えるときは、その事実だけでなく、園でどのように対応しているかも伝えましょう。そうすることで、

調査結果

特別児童扶養手当を受けている人へのアンケート調査で、日常生活で困っていることを聞いたところ、今後の進学や就職、将来の生活に不安を抱えている人が7割近くにもなりました。将来の生活のイメージが持てるような支援も大切です。

信頼関係を築く
保護者への伝え方

子どもの気になる行動をそのまま伝えるだけでは、保護者は心を閉ざしてしまいます。子どもの理解者である姿勢を示し、どのように対応しているかも伝えて、ともに解決の糸口を探そうと誘いかけましょう

①よいところを積極的に伝える

今日はお片づけが
上手にできたんですよ
お昼ごはんのときは、
苦手なにんじんを
がんばって一口食べたんですよ

②気になる行動に対してどのように対応しているかを話し、
ともに解決の糸口を探そうと誘う

あそびの時間にお友だちの
おもちゃを取ってしまったんですが、
落ち着いてから一緒に返しにいきました。
一緒に「ごめんね」
を言えました

③日頃からねぎらいの言葉や、いつでも相談してよいということを伝える

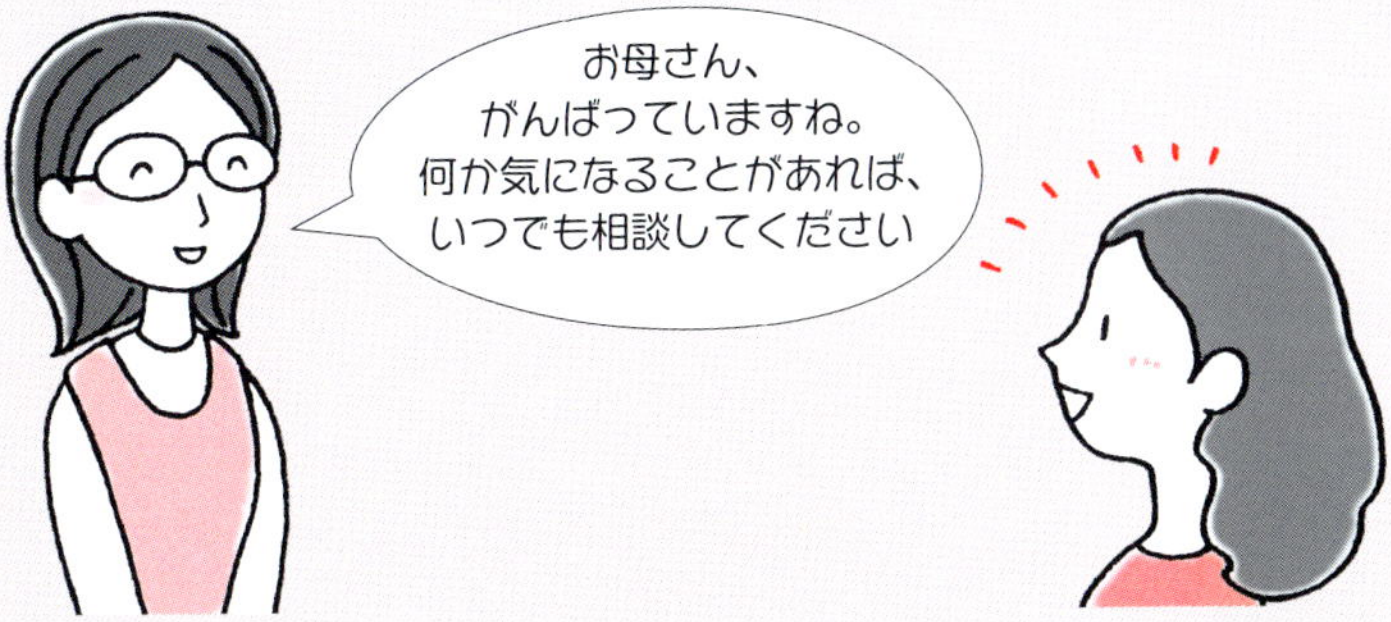
お母さん、
がんばっていますね。
何か気になることがあれば、
いつでも相談してください

「うちの子も園で受け入れられているんだ」と感じることができます。保護者とこれからどのように支援を連携していくかを話し合うきっかけにもなるでしょう。

日頃から声をかける

保護者がわが子の深刻な悩みを打ち明けるには、勇気やエネルギーが必要です。まずは保育者から、「おうちで何か困っていることはありませんか」と聞いてみましょう。いつでも相談できるという安心感を与えることが大切です。

「この子の○○が気になるんです」と保護者が話し始めたら、「そうですか、○○が気になるんですね」と相手の話を受け止め、保護者のこれまでの苦労にいたわりの言葉をかけましょう。そこから、「わかってもらえた」という安心感が生まれます。安易に「大丈夫ですよ」と受け流してしまうと、「わかってもらえなかった」という失望感を与えてしまうこともあります。

ともに行動する

専門機関の見学や相談、医療機関の受診、小学校就学前の学校見学など、保護者が子どもの問題や就学のために行動するとき、「がんばってください」と言葉をかけるだけでなく、医療機関を受診するときは保護者と一緒に行く、連携を取ることを伝えるなど、寄り添う気持ちを実際に行動で示す必要があるかもしれません。専門機関では保護者からは家庭での様子を、保育者からは園での様子を伝えましょう。こうした行動が、安心や信頼につながります。

ほかの保護者にも理解の輪を広げる

ほかの保護者から「先生はAくんばかりで、うちの子に目を配ってくれていない」「先生が見ていないから自分の子が暴力をふるわれた」など、保育者や園での対応を非難されることもあります。また、「乱暴

column

子どもの後ろには10人の大人がいる

子どもの周りには、保護者や祖父母、その友人などたくさんの大人がいます。そのぶん、いいことも悪いことも10倍で広まると考えましょう。過度に意識をする必要はありませんが、保育者は誠意を持って、保育のプロとして、しっかりと対応をしたいものです。

なのは、親の教育がなっていないからだ」と気になる子の保護者に対して悪い感情を抱いてしまうこともあるでしょう。

とくに発達の障害や遅れは、見た目ではわかりにくく、周囲の理解を得るのはむずかしいのです。しかし、みんながともに育ち合うクラスをつくるためには、理解者を増やすことは大切なことです。

気になる子の保護者の許可を得られたなら、クラス便りなどを通して、子ども同士のトラブルの背景に見られる子どもの特性や、ともに育ち合っていくことの大切さをきちんと伝えます。公表するお便りについては、必ず保育者が書いたものをその子の保護者に目を通してもらって、了解を得たうえで発信するようにしましょう。

また、クラスのなかに同じように「育てにくさ」を感じている保護者がいれば、保育者がさりげなく仲介することで、理解の輪が広がっていきます。

多様で複雑な 保護者の悩み

保護者は、子育てについていろいろな悩みを抱えています。保育者が声をかけてあげるだけで、安心することもあります。

子どもの就学を支援する

園で受けていた支援を小学校でも引き継ぐケースが全国で生まれつつあります。気になる子が小学校生活にスムーズに移行するためにはどんなことが必要なのでしょうか。

支援は続く

気になる子が卒園しても、その子に対する支援が終わるわけではありません。気になる子に対しては、大人になるまで、あるいは大人になったあとも、皆で継続的に支援をしていく必要があります。

園や保育者は、その子が通う小学校やその担任に、その子の特性やこれまでどのような支援を行ってきたか、何が得意で、何が苦手かをしっかりと伝え、園と同じように支援ができるように引き継ぐ義務があります。

その引き継ぎに使われるのが、各自治体で作成している就学支援シートです。これは、保護者が必要と感じた場合に、保護者と子どもが在籍する機関がともに作成し、就学先の学校に渡します。この引き継ぎが就学先で有効に活用されていくための検討も行われ始めています。

今後は地域の園と小学校、行政がしっかりと手を結んで、気になる子を支援していかなければいけません。自治体によっては、いち早く継続した支援が可能な体制づくりに取り組んでいるところもあります。

保護者・保育者・学校が協働する

少人数のクラスで、あそびを通して生活の動作やルールを学ぶ園と違い、小学校では一クラスの人数も多くなり、座って先生

column

就学支援とインクルーシブ教育

インクルーシブ教育（P32）の理念を実現するために、2012 年から就学相談や就学先決定の方針が変わりました。変更のポイントは、総合的な観点からの就学先の決定、学びの場の柔軟な変更、保護者や本人への十分な情報提供などが挙げられます。

の話を聞く時間が増えます。国語や算数といった勉強をし、宿題もこなさなければなりません。気になる子の就学を考えたとき、その子がどんな問題に直面しそうか、何がむずかしいか、保育者が前もって予測できることもあります。そういったことも自治体や教育委員会の配布する就学支援シートなどに書いて小学校に提出し、支援を小学校に引き継ぎます。

また、入学後も小学校や保護者から相談を受けることもあるでしょう。保護者・保育者・学校の三者が協働し、地域社会全体で、子どもを支援していく体制をつくりましょう。

意見が食い違ったら

専門機関で発達障害の診断を受けて定期的に受診している子の場合は、就学前に、通常学級か、特別支援学級か、一部の授業を置き換える形の通級指導がよいかなどの就学相談やアドバイスを教育委員会や教育支援委員会の医師や専門家が保護者に行います。

学校や自治体によって異なりますが、特別支援学級での勉強内容は、集中力や指先の訓練などに重きを置いたものになります。マンツーマンの丁寧な指導を受けながら、徐々に通常学級に移行する試みがとられることもあるようです。

最終的には保護者が判断しますが、園に意見を求められることもあるでしょう。医師からみて通常学級でも大丈夫、という場合でも、保育者としては見解が異なることもあります。保育者はこれまでの保育日誌や成育記録を参考に、何が心配なのかを説明できるようにしましょう。

両親が特別支援学級に通わせたくても祖父母が反対するといったこともあります。保育者が調整役に入る場合は、保護者の気持ちに寄り添いながら情報を提供し、保育のプロとしての助言を述べたいものです。

【スクールクラスター】

地域内の幼・小・中・高校および特別支援学校、特別支援学級、通級指導教室の組み合わせのことで、「域内の教育資源の組み合わせ」とも呼ばれます。これらを柔軟に組み合わせて利用することで、子ども一人ひとりに合った教育を提供することができるようになります。互いの個性や多様性を尊重する共生社会を目指した、インクルーシブ教育の実現を目的とした取り組みです。

就学支援シート

保護者の記入欄

保護者が就学支援シートを記入する場合、保護者からどんなことを書けばいいのか、相談されることもあるでしょう。記入すべき項目を理解しておきましょう。

健康状態や運動能力、日常生活の様子（身じたくや排泄、食事など）について記入します。診断を受けている、通院・治療を行っている、アレルギーがある、視覚・聴覚などに配慮が必要な場合は記入します。

保護者や先生などの大人とのかかわりや、お友だちとのかかわりの様子を記入します。場所やシチュエーション（ひとりなのか、大勢なのかなど）についても記入します。また、言葉（聞く、話す、書く）の理解の程度などについても記入します。

保護者記入欄

1．基本情報

お子様	フリガナ	○○○　○○○	性別	生年月日	年齢
	名前	○○　○○	男・女	平成 ○年　○月　○日	○歳

2．成長・発達について学校に知らせたいこと

①健康や日常生活面

小柄ですが健康で、年長のときは、保育園をほとんど休まず通園しました。
運動が苦手で、走るのがきらいです。
夢中になると、声をかけても気づかないことや食事も忘れてしまうことがあります。
大きな音や大人の男性の声が苦手で、怖がります。

②人とのかかわり（コミュニケーション）

大きな声で叱られると、すごく落ち込みます。
家では妹にとても優しくしてくれます。

③興味や関心、生活や行動の特徴

工作や絵を描くのが好きですが、一度やり始めると、完成させるまでほかのことに目がいかなくなってしまいます。

3．入学後の生活に関する保護者の意向・要望・期待など

図工の時間をとても楽しみにしています。やり始めると止まらなくなってしまうので、授業の時間内に終わらせられるかが心配です。
運動が苦手なので、体育の授業でついていけるかが心配です。

上記の内容以外で伝えたいことがあれば、記入します。気がかりなことがあれば、しっかり伝えておきましょう。

子どもの好きなものやきらいなものについて記入します。集中力、落ち着き、衝動性、注意力、こだわりについても記入します。

就学支援シート 園の記入欄

就学前機関記入欄には、保護者と相談しながら、集団のなかでの子どもの様子を中心に記入します。園でどのようなことに注意して指導してきたのかを具体的に書きましょう。

子どもの特性とこれまで行ってきた支援内容やその方法を、項目に合わせて具体的に記述します。保護者記入欄と内容が同じであっても、違っていても構いません。

書くときには、できるだけ「できない」ことではなく「○○することによってできる」という書き方をするようにします。

就学前機関記入欄　※4．5については、保護者と相談の上、保育園や幼稚園の担当者が記入してください。

記入年月日　平成　○年　○月　○日	記入者名　○○　○○
機関名　○○幼稚園	連絡先番号　○○○○-○○-○○○○

4．成長・発達について、これまでの保育の中で大切にしてきたこと

①健康や日常生活面

運動が苦手で、着替えや集合、教室移動に遅れがちです。園では、前もって準備ができるように声をかけるようにしており、そうすれば、遅れずにみんなと一緒に行動できます。行事などの際には先頭を歩いてもらうなどしました。

②人とのかかわり（コミュニケーション）

大きな声をいやがるので、できるだけ穏やかに話すようにし、気づかないときは、大きな声で呼ぶのではなく、肩をたたいたりして、注意を向かせてから指示をするようにしていました。
同い年の子とあそぶよりも、小さな子といるのが好きなようです。

③興味や関心、生活や行動の特徴

工作や絵を描くのが好きです。
好きなことには、集中して取り組みます。夢中になってしまうと、周りのことが見られなくなったり、呼びかけても気づかないことがあります。早目に声をかけるなどして、終わりの時間の目安を伝えれば、次の活動にも移行することができました。
運動や体を動かすあそびが苦手です。

5．園で行ってきた工夫や学校でも続けてほしい配慮・その他

内容にかかわらず声をかけるときには、穏やかに話すように注意し、こちらに注目してから話しかけるようにしていました。
好きなことには集中して取り組むので、次の活動があるときには、前もって声をかけ、遅れないように配慮をお願いします。自由な時間と授業の時間のメリハリがつけられるように、適宜声をかけてください。

◎上記の内容について確認しました。

平成　○年　○月　○日　　保護者氏名　○○　○○

子どもの得意なこと、興味があるもの、好きな活動を書きます。就学後の支援の大きな手掛かりになります。きらいなもの、苦手な活動がある場合はそれも書いておきましょう。

就学後の生活を想定して、継続したほうがよいと思われる支援や、必要になりそうな支援などを記入します。

監修者　腰川一恵（こしかわ・かずえ）

聖徳大学大学院教職研究科教授。博士（教育学）。臨床発達心理士、学校心理士。所属学会は、日本特殊教育学会、日本発達障害学会、日本保育学会など。専門は、知的障害児のあそびの研究、障害児や発達障害にかかわる教師・保育者に関する研究、特別支援教育コーディネーターに関する研究など。障害のある子どもや気になる子に関する調査・論文多数。著書に『発達と教育のための心理学初歩』（ナカニシヤ出版）、『発達障害支援ハンドブック』（共著、金子書房）など。

編集協力　株式会社エディポック
執筆協力　柴崎あづさ　田口幸枝
本文イラスト　いけだこぎく　ハセチャコ　みやれいこ
本文デザイン　柳田尚美（N/Y graphics）
DTP　株式会社エディポック

取材協力
高村久美子（聖徳大学附属第二幼稚園　元教頭）
松永智美（聖徳大学附属第二幼稚園　副園長）
石井久美子（学校法人愛国学園愛国学園保育専門学校幼児教育科　専任教員）
山口麻由美（一般社団法人フロレゾン　代表理事）

発達障害の子をサポートする
「気になる子」の保育実例集

監修者　腰川一恵
発行者　池田士文
印刷所　日経印刷株式会社
製本所　日経印刷株式会社
発行所　株式会社池田書店
〒162-0851　東京都新宿区弁天町 43 番地
電話 03-3267-6821㈹／振替 00120-9-60072

落丁・乱丁はおとりかえいたします。

ISBN978-4-262-15469-5

25022503